Georg Curtius

Sprachwissenschaftliche Abhandlungen

hervorgegangen aus Georg Curtius' Grammatischer Gesellschaft zu Leipzig

Georg Curtius

Sprachwissenschaftliche Abhandlungen
hervorgegangen aus Georg Curtius' Grammatischer Gesellschaft zu Leipzig

ISBN/EAN: 9783742895615

Hergestellt in Europa, USA, Kanada, Australien, Japan

Cover: Foto ©ninafisch / pixelio.de

Manufactured and distributed by brebook publishing software
(www.brebook.com)

Georg Curtius

Sprachwissenschaftliche Abhandlungen

INHALT.

BEMERKUNGEN

UEBER DEN DIFFERENZIERUNGSTRIEB

AUF DEM BODEN

DES GRIECHISCHEN UND LATEINISCHEN.

Von

CONSTANTIN ANGERMANN.

MEISSEN.

Als allgemein anerkannt darf es wohl gelten, dass der Differenzierungstrieb in der Periode des Sprachlebens, die wir vorzugsweise die sprachbildende nennen, einer der wichtigsten Hebel gewesen ist. Sowohl an den Bedeutungs- wie an den Beziehungselementen hat er sich da wirksam gezeigt. Man denke nur daran, welcherlei Veränderungen in ihrer Begriffsfassung oft eine Wurzel erfahren hat, sei es durch mehr innerliche Vorgänge wie Vocalsteigerung, Nasalierung oder Lautschwächung, sei es durch äussere, wie durch Anfügung von Determinativen. Und was die Beziehungselemente betrifft, so vergegenwärtige man sich z. B. die von Curtius (Verbum I S. 46) gegebene Entwickelungsreihe der Urform der 2. Ps. Sing. *tra* als Personalendung, deren Mannichfaltigkeit „der Unterscheidung zu Gute kam." Aber nicht nur in jener frühen Periode der Sprachbildung hat der Differenzierungstrieb gewirkt, sondern er ist auch thätig geblieben in der, so zu sagen, historischen Zeit des Sprachlebens. In folgender Abhandlung nun sollen Wirkungen dieses Triebes auf dem Boden des Griechischen und Lateinischen einigermassen beleuchtet werden. Ausgeschlossen wird demnach alles bleiben, was den indogermanischen Sprachen gemeinsam ist, also noch der Periode der Sprachbildung angehört. Aber auch für jene beiden Einzelsprachen ist es keineswegs auf vollständige Zusammenstellung des hier einschlagenden Materials abgesehen gewesen, sondern es ist nur eine kurze Classification der hierher gehörigen Erscheinungen im Anschluss an gelegentlich notierte Beispiele versucht.

Es zeigt sich nun aber der Differenzierungstrieb auf dem

1*

historischen Boden des Sprachlebens doppelt wirkend. Einmal nämlich wird bei Doppelformen von ursprünglich gleicher Bedeutung diese letztere differenziert, d. h. also, es setzt sich an eine bestimmte Gestaltung der Form auch eine bestimmte Bedeutungsausprägung an. Als ein Beispiel dieser Art kann das Verhältniss der beiden uns geläufigen Formen *jungfrau* und des volksthümlichen *jungfer* dienen. Wiewohl das Volk keine Unterscheidung kennt, da es sich ausschliesslich der letztern Form bedient, so hat sich doch die Schriftsprache streng zu scheiden gewöhnt. Denn hier kann z. B. nur von der „*jungfrau Maria*" die Rede sein, eben so wie andererseits nur von einer „*kammerjungfer*". Aehnlich verhält es sich mit der in das Volk eingedrungenen Unterscheidung von *schlecht* und *schlicht*, Adjectiven, die sich beide lautlich und begrifflich aus einer gemeinsamen Quelle, dem mhd. *sleht*, entwickelt haben. Noch auf ein Beispiel aus dem Italienischen sei hingewiesen. Hier ist bekanntlich aus dem lat. Monatsnamen *Julius* durch eine Art Assimilation *luglio* geworden, während sich dasselbe Wort als Personenname regelrecht zu *Giulio* umgestaltet hat.

Die zweite Art der Differenzierung, zu der das oben erwähnte Beispiel gewissermassen den Uebergang bildet, ist nun formaler Natur, d. h. die Sprache weicht von der gewöhnlichen Bildungsanalogie ab, um Wörter verschiedener Bedeutung nicht lautlich zusammenfallen zu lassen. So mag z. B. dafür, dass unser Volk sich noch jetzt der starken Participialform *gemahlen* des jetzt schwach gewordenen Verbums *mahlen* bedient, der Trieb nach Unterscheidung der gleichen Form von *malen* mitgewirkt haben. Ein noch deutlicheres Beispiel bietet das Latein in der Form *filiabus* von *filia* gegen *filiis* von *filius*, wovon weiter unten.

Offenbar beruhen beide Arten der Differenzierung, die begriffliche sowohl wie die formale, auf dem Streben der Sprache nach Deutlichkeit, einem Streben, das ja z. B. bei der Gestaltung unserer so vielfach verwilderten neuhochdeutschen Orthographie von grosser Bedeutung gewesen ist. Man denke nur an Unterscheidungen wie *das* und *dass*, *wider* und *wieder*, *wol* und *wohl*. Aber im ersten Falle der Differenzirung macht sich daneben ein gewisser ökonomischer Zug der Sprache geltend, nämlich der, Doppelformen zum Zweck grösserer Deutlichkeit nicht unbenutzt zu lassen.

Noch sei eine Bemerkung zur Richtigstellung des ganzen Sachverhalts hier vorausgeschickt. Leicht könnte es scheinen, als ob der Sprache eine bewusste Absicht untergelegt werden sollte. Davon kann natürlich, soweit diese Erscheinungen auf dem Boden der lebendigen Volkssprache wurzeln, nicht die Rede sein. Anders steht es jedoch dann, wenn die Schriftsprache sich mehr und mehr von der Volkssprache entfernt hat. Denn dann kann sogar der Einzelne mit mehr oder weniger Glück sprachbildend wirken, namentlich nach der Seite der Differenzierung hin. Und derartige Wirkungen Einzelner sind ja ganz besonders in der Geschichte des Latein nachzuweisen. Auch mag hier noch eine kurze Bemerkung über die Stellung der alten Grammatiker zu der hier in Rede stehenden Frage Platz finden. Manche dieser Erscheinungen sind richtig von ihnen erkannt. Nicht selten jedoch haben sie auch Unterscheidungen ausgeklügelt und mit mehr oder weniger Erfolg in die Sprache einzuführen versucht. Ganz besonders gilt dies von den lateinischen Grammatikern. Vor allem sei auf Priscian VIII. 1. 5 hingewiesen, an welcher Stelle das Fehlen mancher Formen auf den Unterscheidungstrieb oft in geradezu ergötzlicher Weise zurückgeführt wird. So heisst es z. B. „*far farris* in r desinens geminavit r. ne, si *faris* dicamus, aliud monstret." Ebenso soll *Venus* deshalb im Genetiv *Veneris* haben, weil, wenn es *Veni* bildete, diese Form für Verbalform gehalten werden könne.

I. Bedeutungsdifferenzierung.

Doppelformen eines Wortes, an denen sich diese Art von Differenzierung zu zeigen pflegt, können ihre Entstehung entweder rein lautlichen Vorgängen verdanken, die nach dem allgemeinen Princip der Lautverwitterung eingetreten sind, oder sie können dadurch veranlasst sein, dass ein Wort in seiner grammatischen Beugung verschiednen Analogien folgt.

Ein Beispiel der ersten Art bieten die griechischen Verba ἀμέργω „abpflücken" und ἀμέλγω „melken", die beide auf der idg. Wurzel *marg* fussen (vgl. Curtius Grdz.[4] 545, Fick Idg. Wtbch., 149, 385, 478). Hier mag schon in europäischer Zeit der Gebrauch sich so fixirt haben, dass die Form mit *l* eine specielle Art des allgemeinen Begriffs „streichen" bezeichnete, nämlich den Begriff „melken". — Ebenso mögen die Verba τέσσω „stechen" und ἀμύσσω „kratzen" auf eine gemeinsame Wurzel zurückgehen (vgl. Curtius, Grdz.[4] 535). — Auch πάθος und πένθος könnte man von specifisch griechischem Standpunkt aus nicht bloss auf eine gemeinsame Wurzel zurückführen wollen, sondern sogar auch auf eine gemeinsame Stammform πενθος, von der beide Formen hätten ausgehen können. Indess wird es sich mehr empfehlen, dieselben als zwei verschiedene, wenn auch suffixgleiche Bildungen, einmal von der nasalierten, das andremal von der reinen Wurzel, zu betrachten. Immerhin mag deren Bedeutung von Haus aus identisch gewesen sein, — man vergleiche πένθος und πάθος — und erst allmälig mag sich der bekannte Bedeutungsunterschied derselben eingestellt haben. — Eine ziemliche Anzahl griechischer Verba hat durch verschiedene lautliche Veränderungen aus gemeinsamen Grundformen starke Aoriste und Imperfecta erzeugt; besonders klar ist dies bei dem Vb. τρέπω. Denn während bei Herodot und in anderen Dialecten die Formen

ἔτρακον und ἐτρατόμην die Geltung von Imperfecten haben,
da hier das Praesens τρέπω lautet, haben sie bei Homer und
den Attikern die Geltung von Aoristen erlangen können, da
ein neues Imperfectum aus der jüngeren Form mit ε sich ent-
wickelte (vgl. Curtius VerbumI. S. 208). Ebenso sind ferner die
Imperfecta εἶχον und ἐπετόμην mit den dazu gehörigen Aoristen
ἔσχον und ἐπτόμην von Haus aus identisch. Erst allmälig mag
sich die Sprache gewöhnt haben, die syncopierten Formen
aoristisch zu verwenden. Bei einigen andern Verben ist der
Aorist durch Metathesis vom Imperfectum abgezweigt, so bei
Wurzel δρκ, ἔδρακον gegen ἐδρακόμην, ἐτραθον gegen
ἐταρθον.

Nur lautlich von einander verschiedene Nebenformen sind
ferner τέτροχα und τέτραχα; denn beide sind aus älterem
τέτρακα hervorgegangen, ersteres durch Erweichung, letzteres
durch Aspiration des ursprünglichen κ. Beide Formen hat
nun die Sprache sich verwerthbar zu machen verstanden, indem sie der ersteren, einige Ausnahmen abgerechnet, intransitive, letzterer transitive Bedeutung zuwies. Ebenso ist das
Verhältniss zwischen ἀρέρυχα und ἀρέρυχα, über deren Vorkommen man Lobeck Phryn. 158 vergleichen mag, sowie
zwischen τέταχα und dem freilich erst spät nachweisbaren
τέταχα.

Ferner sind die Endungen der 1. Pl. Med. μεθα und die
der 1. Du. Med. μεθον, die trotz ihres seltenen Vorkommens
gewiss unanfechtbar ist (vgl. Curtius Verb. 98), ursprünglich
ein und dasselbe, wie auch die Sanskritformen der 1. Ps.
Plur. und Dual. mahi und vahi aus einer gemeinsamen Quelle
geflossen sind.

Auch das Latein bietet manche hierhergehörige Erscheinung dar. So sind aus der alten Form des Comparativs gen.
neutr. *magjus die beiden Formen majus und magis hervorgegangen, die in ihrem Gebrauch weit aus einander gehen. —

Ferner hat die Sprache die alterthümlichen Formen des Verbums *quaerere, quaeso* und *quaesumus*, in ganz besonderem
Sinne verwendet. Auch für die beiden Verba *repo* (für **serpo*)
und *serpo*, beide aus Wurzel *sarp* hervorgegangen, macht Klotz
in seinem Wörterbuch mit Recht auf einen Unterschied der
Bedeutung aufmerksam, „indem *serpo* das den Zischlaut phone-
tisch wiedergebende Schleifen beim Kriechen, während *repo*
den niedrigen gebengten Gang am Boden ausdrückt, daher
serpere nie von Menschen, wie so oft *repo*."

Auch darauf sei hingewiesen, dass das Latein die ursprünglich
nur lautlich verschiedenen Ablativformen auf *e* und *i* bei dem
Participium Praesentis syntaktisch zu verwerthen gewusst hat.

In manchen Fällen des Griechischen dient der Accent zur
Differenzierung. So werden mehrfach aus Adjectiven und
Participien Eigennamen lediglich durch Veränderung des
Accentes gebildet, z. B. διωγμίτης als N. pr. Διωγμίτης: Ptc.
ωσζόματος, aber N. pr. Σωσζοματός. Aehnlich unterscheiden
wir Deutsche bloss durch die Betonung den Monatsnamen
Augúst vom Personennamen *Aúgust*. Ebenso sind ferner
ursprünglich nur durch den Accent unterschieden Substantiva
wie τόμος und τομός, τρόχος und τροχός, und Composita wie
λιθοβόλος „Steine werfend" und λιθόβολος „von Steinen getroffen". Ebenfalls nur durch den Accent unterscheiden sich
die Indefinita von den Interrogativis. Reiches Material, wenn
auch nicht immer gehörig gesichtet, stellt hierüber Kühner
(Ausf. Gramm. I. § 84. S. 255) zusammen.

Eine zweite Art der Bedeutungsdifferenzierung tritt häufig
dann ein, wenn ein Wort irgendwelche Doppelformen dadurch
hervorbringt, dass es in der Flexion verschiednen Analogien
folgt. Recht deutlich wird dies an den verschiedenen Pluralformen des deutschen Wortes *mann*. Die indeclinable Form
mann wird jetzt im Neuhochdeutschen nur collectiv gebraucht
in Verbindung mit Zahlbestimmungen, wie *drei mann tief, alle*

mann vor. Eine gewisse Analogie dazu gewähren lateinische Composita wie biduum, triennium etc. Die zweite, schwache Pluralform mhd. *manne*, nhd. *mannen* ist fast nur noch poetisch zur Bezeichnung der Gefolgschaft. In der dritten speciell neuhochdeutschen Form *männer* tritt dagegen die geschlechtliche und individuelle Bedeutung hervor. Daher kann es nur heissen: „ihr Männer, liebet eure Weiber", und „die drei Männer im feurigen Ofen". Eine ähnliche Unterscheidung wie zwischen den Pluralformen *mann* und *männer* machen wir noch bei vielen andern Wörtern, namentlich denen, die Maasse und Gewichte bezeichnen, wie *fuss, glas*, ja wir sind im Begriff dies immer weiter auszudehnen, da wir neuerdings zwischen „*zwanzig pfennig*" und „*zwanzig pfennige*" scheiden. Auch noch bei manchen andern doppelten Pluralbildungen haben wir in die verschiednen Formen verschiednen Sinn hineingelegt, so unterscheiden wir ja zwischen *worte* und *wörter, bande* und *bänder, gesichte* und *gesichter, banken* und *bänke* etc. — Aus dem Griechischen giebt σταθμός hierzu ein Analogon, welches in der Bedeutung „Wage" nur die Pluralform σταθμά kennt, nicht auch σταθμοί, dagegen in der Bedeutung „statio" beide Pluralformen hat, wenn auch die regelmässige häufiger ist. Uebrigens hat Buttmanns feines Sprachgefühl gewiss das Richtige getroffen, wenn er (Ausf. Sprachl. I, 211) behauptet, dass bei sämmtlichen derartigen Metaplasmen „meist eine Verschiedenheit des Gebrauchs zwischen der neutralen und maskulinischen Form des Plurals stattfindet."

Ein recht significantes Beispiel bietet hierzu noch das Latein in seinen Pluralformen *loci* und *loca*.

Nicht selten wird auch bei schwankendem Genus differenziert. So unterscheiden wir jetzt im Nhd. *der bund* (foedus) und *das bund* (fascis), während im Mhd. nur *der bund* in beiden Bedeutungen üblich ist. — Aus dem Griechischen lassen sich hier heranziehen ὁ ἅλς (sal) und ἡ ἅλς (mare):

ὁ ἵππος (equus) und ἡ ἵππος (equitatus). Mit Recht macht Lobeck Proleg. 49 darauf aufmerksam, dass, während ἵππος von Haus aus nichts weiter sei als das Femininum zu ἵππος, doch schliesslich mit beiden Ausdrücken ganz verschiedne Species derselben Thiergattung bezeichnet werden. — Aus dem Latein sei auf *dies* hingewiesen, das von Cicero an die entschiedne Neigung hat, dem Femininum die specielle Bedeutung „Termin" zuzuweisen.

Uebrigens ist bei mehreren der zuletzt angeführten Beispiele hinsichtlich des Numerus wie des Genus anzunehmen, dass die Sprache hier nicht immer Doppelformen vorgefunden hat, die sie mit speciellen Bedeutungsunterschieden gleichsam ausfüllte, sondern dass sie erst manche derselben bestimmten Analogien folgend hervorgebracht haben mag. So ist dies besonders bei ἡ ἵππος einleuchtend. Wäre dies eine alte Bildung, so würde sie nicht gut etwas anderes als „equa" bedeuten können. Sicher hat aber hier die Analogie von ἡ ὁπλῖτις „Hoplitenmacht" gewirkt.

Auch den Weg hat die Sprache mehrfach eingeschlagen, dass sie doppelte Casusformen sich zu bestimmten Zwecken entweder reserviert oder auch erst schafft. So wird z. B. die Accusativform χάριτας gewiss nie adverbial im Sinne von „gratia" gebraucht worden sein, sondern dazu wird lediglich die andre schon wegen ihrer Kürze sich mehr zum adverbialen Gebrauch eignende Form χάριν verwendet. Aehnlich steht es mit den adverbialen Wendungen ἐν χρῷ und ἐπὶ ξυροῦ verglichen mit den Formen χρωτί und ξύρατος. So hat auch das spätere Griechisch zum Zwecke der Interjection sich die Form Ἡράκλεις neben Ἡράκλατε gebildet. — Aus dem Latein sei auf die ursprünglich identischen Formen *partem* und *partim* hingewiesen, die erst allmählig für den nominalen und adverbialen Gebrauch bestimmt geschieden wurden (vgl. Bücheler, Grundriss der lat. Declination 22).

Auch das Verbum zeigt häufig das Streben nach Differenzierung, wenn es zwei an sich gleichartige, jedoch nach verschiedenen Principien gebildete Formen besitzt. Es sei hier
besonders auf das Griechische hingewiesen, welches starken
Aoristen und Perfecten so häufig dann intransitive Bedeutung
giebt, wenn daneben auch die schwachen Formen vorkommen.
So vergleiche man ἵστην, ἔστησα, ἔδυν, ἐδύσα, ἔδυν, ἔδυσα,
πέποιθα, πέπεικα. Dass hier wirklich in einem Streben nach
Differenzierung der Grund der verschiedenen Bedeutung zu
suchen ist, und dass nicht etwa den starken Formen von
Haus intransitive Kraft innewohnt, zeigt der Umstand, dass
neben einem intransitiv gebildeten ἔστην ein transitives
ἔστον, δόετα, θεῖτα etc., und neben intransitivem πέποιθα,
ἔρρωγα transitives πέποικα, κατέκτονα steht, wie auch neben
intransitivem griech. πέπηγα lateinisches transitives pepigi.
Andrerseits haben manche schwache Perfecta ebenfalls intransitive Bedeutung, so ἕστηκα ebenso gut wie ἑστέκα.
Uebrigens ist es bemerkenswerth, dass nur diejenigen starken Aoriste, die nach der Analogie der Verba auf μι gehen,
intransitiv gebraucht werden. Denn mit gleicher Bedeutung
stehen neben einander ἔτερσα und ἔτερθεν, ἔτραφε und
ἔτραπον u. a. Sollte da nicht auf jene die Analogie des Pas-
sivaorists eingewirkt haben? — Weiter lässt sich noch anführen, dass die Aoriste ἐτραπόμην und ἐτραφάμην verschiedne Arten des Mediums vertreten. Aehnlich unterschied
man zwischen ἐφάνην „ich erschien" und ἐφάνθην „ich zeigte
mich". — Endlich sei noch darauf hingewiesen, dass von den
beiden Futurformen von ἔχω die eine, σχήσω, gern die Bedeutung „zurückhalten", die andere, ἕξω, schlechtweg die
Bedeutung „halten" hat.

Entsprechende Erscheinungen aus dem Gebiete des Latein
wüsste ich nicht viele anzuführen. Ein sicheres Beispiel bietet
pango in seinen Perfectformen *panxi* und *pepigi,* von denen

die letztere nur im übertragen Sinne vorkommt, daher sich
zum Präsens *paciscor* stellt. Falsch ist es dagegen, wenn man
bei den Compositis von *plicare* „falten" einen Bedeutungsunterschied zwischen den Perfectformen auf *ari* und *ui*, und den
Participialformen auf *atus* und *itus* sehen will, wie dies z. B.
von Billroth Lat. Gramm. 165 geschehen ist. Der Sachver-
halt ist vielmehr der, dass erst allmälig sich die Formen auf
ui itum an die Stelle derer auf *ari atum* schieben. Hierbei
ist es keineswegs nothwendig anzunehmen, dass erstere Formen
aus den letzteren direkt hervorgegangen seien, sondern man
kann jene ganz gut mit Corssen (Aussp. II² 295) von einem
Verbum *plicere* ableiten. Es würden dann die mehr volksthümlichen kürzeren Formen die anderen längeren verdrängt haben.

Noch auf einen eigenthümlichen Fall von Doppelbildung
aus der Wortbildungslehre sei aufmerksam gemacht. Das Adjectiv *facilis* erzeugt nämlich mit gleichem Suffix zwei verschiedne Wörter, *facultas* und *facilitas*. Dass ersteres lautlich aus *facilitas* hervorgegangen ist durch Verflüchtigung des
i in der Antepaenultima, kann nicht zweifelhaft sein. Gleich-
wohl aber wird man dem in der Latinität gebräuchlichen
facilitas kein allzuhohes Alter zutrauen dürfen, da es sich in
seiner Bedeutung nur an eine abgeleitete von *facilis* „geneigt"
anschliesst, während *facultas* an die Grundbedeutung an-
knüpft. Wir haben hier also den eigenthümlichen Fall, dass
eine Neubildung lautlich mit einer vorauszusetzenden uralten
übereinstimmt.

II. Formale Differenzierung.

Bei der zweiten Art der Differenzierung sind abermals
zwei Fälle zu unterscheiden. Einmal nämlich wird durch dieselbe das lautliche Zusammenfallen zweier Wörter verschiedner

Bedeutung verhindert, andrerseits das lautliche Zusammenfallen verschiedner grammatischer Formen ein und desselben
Wortes.

Als Beispiele der ersten Art lassen sich auf griechischem
Boden mit Curtius (Grdz.¹ 667, Verb. I 340.) die Verba ὀγείζω
und πείζω neben ὀγίζζω und πέσσω aufstellen. Bei beiden
Paaren gleichen sich die Verbalstämme ὀγεί und πεκ, aber
in den beiden ersten Verben ist eine von der gewöhnlichen
abweichende Behandlungsweise der Lautverbindungen κι und
τι eben wohl zum Zwecke der Differenzierung eingetreten.
Als ein Beispiel formaler Differenzierung ist wohl noch mit
Buttmann (Ausf. Sprachl. I. 440) das bei Demosthenes und
Dinarch gut bezeugte Pf. τέτροφα von τρέπω aufzufassen im
Gegensatz zu τέτροφα von τρέφω. — Vielleicht ist es auch eine
Folge des Differenzierungstriebes gewesen, dass δέω „binde"
allein von allen einsilbigen Verbalstämmen auf ε Contraction in
ου gestattet, um es von den betreffenden Formen von δέω „er-
mangele" zu unterscheiden. — Für die unregelmässige Betonung
des Gen. Plur. der Wörter χρηστής und ἀγύη gaben schon die
alten Grammatiker, z. B. Herodian (I. 425 ed. Lentz), als Grund
die Unterscheidung der bez. Formen von χρηστός und ἀγυή
an. G. Stier (Zeitschrift f. Gymnasialwesen XXIII. 117) bemerkt hierüber, dass man „zweifeln darf, ob der (aus dem bekannten Grund der Unterscheidung gleichlautender Formen
erklärte) anomale Accent der Grammatiker im Leben wirklich üblich gewesen ist." Ich möchte mich hier doch gegen
Stier auf die Seite des Alterthums stellen, so sehr derselbe
auch hinsichtlich des Werthes dieser Formen für die Schulgrammatik Recht haben mag. Zunächst ist zu beachten, dass
unregelmässige Accentuation bei contrahierten Nominibus nicht
unerhört ist, man denke an εὕτοι, τριήροιν und Aehnliches. Weiter ist zu bedenken, dass χρηστής wie χρηστός, ἀγύη wie ἀγυή
gewiss häufig vorkommende Worte der Umgangssprache waren.

Man kann dies leicht aus dem Index zu Meineckes Fragmenta comicorum ersehen. Daher möchte sich hier eine Unterscheidung für den Gen. Plur., diesen vielgebrauchten Casus, wünschenswerth machen. Ausserdem darf man wohl annehmen, dass diese Accentuation eine Eigenheit des attischen Dialectes gewesen ist, daher ähnlich zu beurtheilen sein mag wie der unregelmässige Accent von βραδυτής und ταχυτής. So sind also diese Genetive Vorläufer für die jetzt vulgäre Betonung dieses Casus (vgl. Mullach, Gramm. der griech. Vulgärsprache 153). Schwierig bleibt die Frage für die stets mit χρήστον und ἐγρίον zusammengestellten anderen Genitive ἑτριον und χλοίρον. Für das erstere weist jedoch Lobeck (Paralip. 268) mehrere Analogien bezüglich anderer Windnamen auf ίας nach und kommt so zu dem Schluss, dass dies die übliche Betonung für sämmtliche derartige Wörter auf ίας gewesen ist, wenn ihnen Adjectiva auf ίος zur Seite standen. Es liegt also auch hier das Bestreben vor, den Accent durch alle Casus auf der Sedes festzuhalten, was hier noch durch den Accent der verwandten Wörter auf ίος begünstigt wird. Wie aber über die wohl nur bei Hesiod (scut. 168) überlieferte Accentuation χλοίρον zu urtheilen ist, weiss ich nicht.

Allzuviel andere Beispiele für die formale Differenzierung dieser Art dürfte das Griechische nicht bieten, da es besonders in Folge seiner eigenthümlichen Behandlungsweise der Spiranten ziemlich viel Homonyma besitzt. So sei auf die gleichlautenden Imperativformen ἴσθι von εἰμί und von οἶδα beispielsweise aufmerksam gemacht. Billig kann man hier annehmen, dass ersteres gewiss auf der älteren Lautstufe ἐσθι stehen geblieben wäre, — ist es doch die einzige Form der Wurzel as mit Vocal i —, wenn nicht damals, als dieser Vocalwandel eintrat, es noch εἰσθι gelautet hätte.

Weit empfindlicher als das Griechische ist das Latein gegen das lautliche Zusammenfallen verschiedner Wörter. Völlig sind zwar auch hier nicht die Homonyma vermieden, man denke an *victus* von *vinco* und *vivo*, an *passus* von *pando* und *patior*, an *pavi* von *pasco* und *paveo* und Aehnliches. Aber im Ganzen zeigt sich das entschiedne Streben nach Unterscheidung, und ihm verdanken wir die Erhaltung mancher alterthümlichen Form, so z. B. die Erhaltung des Abl. Dat. Plur. auf *bus* in der A-declination wie in *filiabus*, *deabus* von *filia*, *dea* im Gegensatz zu *filiis*, *deis*, von *filius*, *deus*. Dagegen hat Bücheler Recht (Lat. Decl. S. 65), wenn er die scharfe Distinction der Grammatiker zwischen *artubus*, *partubus*, *arcubus* und *artibus*, *partibus*, *arcibus* ein Verkennen der orthoepischen Natur dieser Frage nennt.

Ein offenbares Streben nach Differenzierung zeigt ferner das Latein, insofern es sichtlich bestrebt ist, die Composita der Praepositionen *ab* und *ad* scharf auseinander zu halten. Denn während z. B. die Praepositionen *ob* und *sub* ihren Auslaut *b* gerade so wie *ad* sein *d* vor gewissen Consonanten gern assimilieren (man vergleiche *sufficio*, *officium*, *afficio*, *succendo*, *occido*, *accido*, *sarripio*, *arripio*), sucht *ab* in seiner Vielgestaltigkeit allemal einen Ausweg. Daher z. B. *ad-fui* oder *af-fui* von *ad-sum*, aber *a-fui* von *ab-sum*; *ac-cido*, aber *abs-cido*; *ar-ripio*, aber *ab-ripio*. So mag, wie auch Curtius (Tragweite der Lautgesetze S. 37) bemerkt, die eigenthümliche Form *au* von *ab* in den Compositis *au-fero* und *au-fugio* auf Unterscheidungstrieb beruhen, wiewohl ein *adfugio* nicht existirt, und vielleicht anderseits wieder die Umgestaltung von *ad* zu *ar* in *arfore* und Aehnlichem.

Ferner scheint es fast, als ob viele Zusammensetzungen des negativen *in* mit Participien von Compositis statt mit denen der einfachen Verba stattgefunden hätten, um der Verwechslung mit Zusammensetzungen der Praeposition *in* vorzubeugen. So existirt *incompletus*, *inexpletus*, während *impletus* nur von *impleo* herkommt. Aehnlich ist das Verhältniss von *indeflexus*

zu *inflexus*, von *inconsitus* zu *insitus*, *indeploratus* und *implo-
ratus*. Anderseits sind neben derartigen einfachen Participialbildungen mit negativem *in* die betreffenden Participia der
Composita mit Praeposition *in* nicht gebräuchlich. So heisst
ja *incultus* nur „unbebaut" und ist nicht gebräuchlich als
Participium von *incolo*. Doch ist nicht zu leugnen, dass gerade
dieser Punkt noch eingehenderer Untersuchung bedarf.

Noch auf einige andere Punkte der Participialbildung im
Passivum sei hingewiesen. Bekanntlich giebt es im lateinischen Sprachbewusstsein zwei Endungen, nämlich *tus* und
sus. Letztere ist natürlich aus ersterer entstanden und zwar
auf Grund organischer Lautentwicklung zuerst bei *t*- und *s*-
Stämmen. Später aber hat dieselbe fortgewuchert und sich
auch bei mehreren Verbalstämmen eingestellt, wo sie keine
oder nur schwache Berechtigung hat. Mehrfach scheint dies
zum Zweck der Differenzierung geschehen zu sein. So stehen
sich gegenüber:

fixus	von *figo*	und *fictus*	von *fingo*,
parsus	— *parco*	*partus*	— *pario*,
cursus	— *curro*	*curtus kurz*,	
mulsus	— *mulceo*	*multus viel*,	
salsus	— *sallo*	*saltus*	von *salio*,
percutsus	— *percello*	*occultus*	— *occulo*.

Ferner ist zu bemerken, dass, während *pellicio pellectus*
bildet, von *elicio elicitus* abgeleitet wird, offenbar im Gegensatz zu *electus* von *eligo*. Aus gleichem Grunde scheint die
Bildung des Participiums von *allicio* vermieden worden zu sein,
um *allectus* für *allego* zu reservieren. — Weiter bildet *luo*
„büssen" *luitus* im Gegensatz zu *lutus* von *luo* „waschen".
Aber im Compositum *solvo*, wo eine Verwechselung nicht wohl
möglich ist, heisst es *solutus*. Dass *cinctus* das *n* des Praesensstammes herübergenommen — man vergleiche *pingo, pictus,
fingo, fictus* — hat wohl auch seinen Grund darin, dass diese

Form nicht mit den Participien von *cinco* und *rico* zusammenfallen sollte.

Weiter aber macht sich der Differenzierungstrieb vielfach
geltend, um verschiedne Flexionsformen ein und desselben Wortes nicht lautlich zusammenfallen zu lassen.
So ist es z. B. bemerkenswerth, dass im Griechischen die consonantischen Nominalstämme im Gegensatz zu den vocalischen das
auslautende ι im Dat. Plur. gewahrt haben, offenbar weil sonst
vielfach dieser Casus mit dem Nom. Sing. zusammen gefallen
wäre, daher *χώραις*, aber *ἴκαιλκα ἴσι, ποσί* etc. — In der 2. Pers.
Sing. der Verba auf *μι* tritt bekanntlich blosses ς statt σι als Endung ein. Mit Recht macht Curtius (Verbum I 49) darauf aufmerksam, dass dies um so weniger auffallen könne, „da bei voll
erhaltner Endung die zweite und dritte Person bei den Ioniern
wenigstens zusammengefallen sein würde." Daher *ἴστης* im
Gegensatz zu *ἴστησι*. — Das Eindringen der Endung *σαν* in
die dritte Pers. Plur. Act. des Imperfects und starken Aorists,
das sich besonders in dem alexandrinischen Dialect findet
(vergl. Mullach a. a. O. S. 16), mag wohl auch mit auf dem
Trieb nach Unterscheidung zwischen erster Pers. Sing. und
dritter Plur. beruhen. Aehnlich erklärt Ahrens (de dialect.
II, 298) das Umsichgreifen derselben Endung *σαν* im Imperati-
tiv. Im Dorischen Dialect nämlich kommen folgende drei Arten
von Formen für die dritte Plur. Med. vor: erstens Formen
wie *φερέσθω*, die als die ältesten anzusehen sind, ferner die
mit der attischen übereinstimmende, z. B. *φερέσθων*, endlich die zusammengesetzte z. B. *φερέσθωσαν*. Es ist klar,
dass die erste dieser Formen mit der entsprechenden des Sing.,
die zweite mit der des Dual zusammenfällt. Hiergegen ist
die dritte Form Praeservativ. Vom Medium aus mag sich
nun auch diese Endung in das Activ eingedrängt haben. —
Auf dem Differenzierungstrieb beruht wohl auch die auf
einer Inschrift aus Tegea sich findende eigenthümliche Plural-

form ἐπιλύσθω, auf welche Curtius Stud. II. 450 aufmerksam macht. Hier mag o nach der Analogie der entsprechenden activen Form ἐπιλόντος gewählt sein, um diese Form als Plural gegen den auf derselben Inschrift vorkommenden Singular ἐπιλύσθω zu charakterisieren. —

Auch das Latein bietet manchen Fall dieser Art der Differenzierung dar. So mag doch wohl die Erhaltung des in seiner Existenz oft bedrohten i im Dat. Sing. der U- und E-Declination dem Bestreben zu verdanken seien, diesen Casus vom Ablativ Sing. zu scheiden. Auch das Durchdringen der Dativendung i gegen e bei den I- und consonantischen Stämmen hat wohl seinen Grund darin, dass jenes e zu leicht dem allmähligen Zusammenfallen mit der Ablativendung ausgesetzt war. Einen andern hier zu erwähnenden Fall der Differenzierung schreiben unsere Grammatiken für die Formen hac und haec vor, indem sie erstere dem Femininum, letztere dem Neutrum zuweisen. Wenn dies richtig ist, so kann dieser Gebrauch nur auf einer Art Convention beruhen, denn an und für sich liegt in keiner der Formen etwas das Geschlecht speciell charakterisierendes. Uebrigens hat Fleckeisen (Rhein. Mus. VII. 271 f.) gezeigt, dass die classische Latinität haec fast häufiger als hac für das Femininum bietet. Ist daher etwas wahres an der Unterscheidung und ist sie nicht bloss Fiction der Grammatiker, dann kann sie erst in der nachklassischen Periode des Latein durchgedrungen sein. — Ferner ist hier ein Fall aus der Comparativbildung zu besprechen. Bücheler (a. a. O. S. 4) weist nämlich darauf hin, dass die Endung or im Comparativ sich im Altlatein nicht bloss für das persönliche Geschlecht, sondern auch für das Neutrum finde. Mit Recht behauptet nun Curtius (Stud. IV. 262), dass die Sprache, um zu einer Unterscheidung zwischen persönlichem und unpersönlichem Geschlecht zu gelangen, sich gewöhnt habe die sprachlich ältere Form mit erhaltnem s, anknüpfend

an die Analogie so vieler neutraler Substantive auf *s*, für das
Neutrum zu fixiren.

Stark wirkend zeigt sich ferner der Differenzierungstrieb
auf dem Gebiete der lat. Verbalflexion. Besonders auf einen
Fall sei aufmerksam gemacht. Ueberblickt man nämlich die
Bildung des sogenannten lat. Conjunctivs, so findet sich die
eigenthümliche Thatsache, dass derselbe bei der A-Conjugation
aus dem alten Optativ hervorgegangen ist, während die übrigen
Conjugationen echte Conjunctive aufweisen. Offenbar ist dies
daraus zu erklären, dass den lateinischen Contractionsgesetzen
zufolge Conjunctiv und Indicativ in der A-Conjugation in den
meisten Formen hätten zusammenfallen müssen, wie es in der
That im Griechischen geschieht. Dasselbe würde bei der E-
Conjugation zwischen Optativ und Indicativ Praes. gewesen sein,
daher ist hier der echte Conjunctiv verwendet, also *moneas*,
nicht *monees-mones*. Anders war es bei den andern Conjugationen, wo alle drei Modi lautlich getrennt waren (*audi-is*,
audi-as, *audi-es*); daher die Möglichkeit den Optativ für das
abhanden kommende Futur eintreten zu lassen, während die
A- und E-Conjugation hier zu Neubildungen greifen mussten,
die der Macht der Analogie zufolge allerdings auch theilweise
auf das Gebiet der I-Conjugation wenigstens im älteren Latein
hinüberschweiften, man vergl. z. B. *audibo* bei Ennius und
vieles dergleichen. Auf einen ähnlichen Process hinsichtlich
der Auseinanderhaltung des Indicativs und Conjunctivs hat
neuerdings Jolly in Whitney's Vorlesungen S. 135 aufmerksam
gemacht. Im Neuhochdeutschen nämlich wird mehr und
mehr der Conj. Praesens ersetzt durch den Conj. Impf., lediglich deshalb weil der erstere dem Indicativ lautlich fast
gleich ist.

Ferner zeigt sich beim lateinischen Verbum der Differenzierungstrieb auch darin, dass Contractionen des schwachen
Perfects auf *ri* nur dann erlaubt sind, wenn keine Verwech-

2*

selung mit Praesensformen entstehen kann. Daher wird z. B. *amaverunt* in *amarunt* zusammengezogen, aber nicht *amavere* in *amare*, *amavimus* in *amamus*, wohl aber bei Propert. I. 7. 5 *consuemus*, weil hier die Contraction einen Zusammenfall mit der entsprechenden Praesensform nicht hervorbringt.

DIE

SOGENANNTEN AEOLISCHEN BESTAND-
THEILE DES NÖRDLICHEN DORISMUS.

VON

REINHOLD MERZDORF.

OLDENBURG.

Die Grenzen eines Dialektes gegen einen andern genau abzustecken ist eine ungemein schwierige Aufgabe der Dialektologie. Merkmale, die man mit grösster Gewissheit einer bestimmten Mundart und nur dieser ausschliesslich zuweisen zu müssen glaubte, die man als unterscheidende Charakteristiken grade dieses Dialekts auffasste, finden sich plötzlich in einer neu bekannt werdenden Species einer andern Mundart und die mühsam gezogenen Grenzen sind bis auf weiteres wieder verwischt. Zwischenmundart leitet zu Zwischenmundart und jeder Dialekt ist (um einen Ausdruck von Joh. Schmidt, Jen. Lit. Zeit. 4. April 1874. zu gebrauchen) mit dem andern durch eine continuierliche Reihe von Varietäten verknüpft. Foigt aber aus dieser unzweifelhaft richtigen Beobachtung, dass wir die Stammbaumtheorie nun sowohl für das Ganze unseres Sprachstammes als auch für jede einzelne Sprache aufgeben, dass wir uns des Begriffes der Spracheinheit gänzlich entschlagen müssen? Gewiss nicht; so wenig wie die Naturwissenschaft trotz ihrer Ansicht vom Variieren der Arten der Stammbäume zu entrathen braucht.

Hat nicht Schleicher, der in „Darwinismus und Sprachwissenschaft" die Unbestimmtheit der Sprachgrenzen so entschieden betonte, ebenda einen Stammbaum der idg. Sprachen gegeben? Politische, religiöse, sociale Verhältnisse aller Art zwingen ein Volk zu einer Einheit und damit auch zur Spracheinheit zusammen und durch diese Verhältnisse allein würden wir schon auf die Annahme einer idg. europä-

ischen graeco-italischen Grundsprache mit Nothwendigkeit hingewiesen. Dies zur Erklärung dafür, dass ich trotz der Ansicht vom Flusse der Dialekte aeolo-dorische und panhelle-
nische Zeiten als gegeben voraussetze.

Aeolisch und Dorisch werden allgemein als zwei zwar nahe
verwandte, aber doch nicht unwesentlich von einander verschiedene Dialekte angesehen. Aber schon viele unterscheidende Merkmale anzugeben ist schwierig; freilich die Aeolier
kennen nicht z. B. das sog. dorische Futurum, die Endungen
-με und -ττι, aber kennen wir denn das böotische Aeolisch
nur einigermassen früher Jahrhunderte? -μες, das die Inschriften nicht bieten, steht einmal bei Korinna fr. 16 B.,
aber deren Gedichte haben, wie sich mit Leichtigkeit zeigen
lässt, eine durchgreifende dialektische Recension in späterer
Zeit erfahren (vergl. auch Ahrens d. a. l. p. 200, Kirchhoff,
Hermes III. p. 451), das im Böot. gebräuchliche -ντι entfernt
sich aber noch nicht allzuweit vom dorischen -ττι, so dass
schon Ahrens mit einem „fortasse" für das ältere Stadium des
Dialekts letzteres ansetzt [1]). Wenn vollends noch Zwischen-
dialekte sich finden, wird man dann die Trennung zwischen
dorischem und aeolischem Griechisch noch so scharf wie bisher aufrecht erhalten können?

Bis jetzt wissen wir nur von einer sog. Zwischenmundart,
einer dorischen, die mit allerlei Eigenthümlichkeiten versehen
ist, welche dem übrigen Dorismus abgehen, dagegen dem
Aeolismus, namentlich dem böotischen und thessalischen, nicht
fremd sind, ich meine den nördlichen Dorismus. Diesen fasse
ich trotz einzelner lokaler Differenzen z. B. des Lokrischen,

---

[1]) I. 208; bei Aristophanes Ach. 868 steht ἐττί, worauf indess
nicht viel zu geben ist. Auch Curtius ist geneigt Ahrens beizu-
stimmen Verbum I 68., während Kühner a. G. I² p. 528 -ττι ohne
Zweifelsäusserung für echt altböotisch erklärt, vergl. auch Westphal
gr. Gr. I, 2, pag. 10.

Delphischen, Phokischen, die aber nicht wesentlich sind und auf mein Thema wenig oder gar keinen Bezug haben, als eine Einheit zusammen[2]). Die Grundlage ist im Ganzen ein mildes Dorisch — obgleich in den älteren Stadien der Uebergang vom strengen zum milden Dorisch noch sichtbar ist — doch mit manchen interessanten Erscheinungen, die theils nur hier, theils, wie schon gesagt, auch in benachbarten aeolischen Districten vorkommen. Wenn solche Eigenthümlichkeiten gleichmässig zweien benachbarten Unterarten verschiedner Hauptdialekte angehören, so lässt dies, abgesehen von dem Falle, dass sie sich in beiden Dialekten unabhängig von einander entwickelt haben, eine zwiefache Erklärung zu: entweder die eine Mundart hat auf die andere einen solchen Einfluss geübt, dass diese von ihr gewisse Eigenheiten des Laut- oder Flexionsystems annahm, oder das Uebereinstimmende ist in beiden Dialekten gleich alt, nicht von einem in den andern übertragen und weist dadurch auf eine Zeit zurück, in der nicht nur die Unter- sondern auch die Hauptmundarten noch nicht getrennt waren, wenn es nicht 'die ganze Eintheilung umstösst. Nur im ersteren Falle würden wir speciell von „aeolischen" Bestandtheilen des nördlichen Dorismus sprechen können, im zweiten nur von aeolodorischen, die sich bei den späteren Norddoriern und den Aeoliern allein erhielten: nur

---

[2] cf. Ahr. I 235 sq. II 108. 130, dessen Aufstellungen in wichtigen Punkten zu berichtigen sind. Allen de dial. locr. in Stud. III p. 278. Hartmann, de dial. delph. 1874. Die Quellen sind hauptsächlich folgende: Die zwei lokr. Inschriften, die ozolische herausgegeben z. B. von Ross 1854, und die hypoknemidische (G. Curtius, Stud. II 411), beide aus dem 5. Jhd.; dann die Inschriften des C. I. Gr. (von 380 an); die aneedota delphica von E. Curtius; Wescher und Foucart, inscriptions recueillies à Delphes; Ross, inscript. ined. aus dem Ende des vierten, dem dritten, zweiten Jhd. und später; einzelnes noch Rangabé antiquités helléniques. Leake northern Greece. Ulrichs Reisen und Forschungen und anderwärts.

diese können für das Verhältniss der beiden grossen Dialekte
und damit für die griechische Sprachgeschichte von Wichtig-
keit sein. Wie steht es also hiermit?

Dass die in Frage kommenden Völkerschaften nicht Aeolier
waren, wie Strabo VIII p. 513 meint, sondern Dorier, und
dem Kern nach dorisch sprachen, hat Ahrens hinlänglich
bewiesen; seine eigene Ansicht aber (cf. II 409), diese Species
des Dorismus sei ursprünglich aetolisch und erst unter aeto-
lischer Herrschaft weiter über Nordgriechenland verbreitet,
ist durch die seitdem entdeckten Inschriften, die schon in der
Mitte des 5. Jhd. den Charakter desselben Dialekts haben,
widerlegt und sie erklärt auch nicht das Verhältniss zum
Aeolismus. Dagegen sagt Allen, der Stud. III 278 die Frage
kurz berührt: quae et Dorica et Aeolica hae dialecti exhibent,
aeque ex antiquissima memoria acceperunt, während Hartmann an diese Möglichkeit gar nicht gedacht zu haben scheint,
sondern beständig den boeotischen Dialekt für die Einmischung
aeolischer Formen verantwortlich macht, am deutlichsten p. 49:
cognovimus Boeotiae vicinitatem, quam vim exerceret in dia-
lectum Delphicam, cujus pars Aeolica non tam ex Lesbio sermone quam ex Aeolide continentis sumpta sit. Bergk de
tit. Arcad. spricht p. 6 unbestimmt so: Doricae dialecto, quae
in plerisque civitatibus illarum regionum evicit, Aeolici ser-
monis vestigia inhaerent, bestimmter p. 14: Delphi haud pauca
ex Aeolico sermone servaverunt, wonach das Aeolische das prius,
das Dorische das posterius wäre. Indessen hat keiner Beweise
für seine Ansicht gegeben, vielmehr jeder nur gelegentlich und
im Vorbeigehen diesen Punkt besprochen, so dass es eine nicht
unnütze und nicht uninteressante Aufgabe zu sein scheint, mit
Zusammenstellung alles hierher Gehörigen zu untersuchen, was
im nördlichen Dorismus wirklich aeolisch im oben angegebenen
Sinne und was uralt aeolodorisch ist.

Vorausgeschickt mag nur noch eine Bemerkung werden.

Sehr viel kommt auf das chronologische Verhältniss der Quellen an; falls eine Lauterscheinung in den ältesten Urkunden gar nicht oder sehr spärlich, dagegen sehr häufig auf jüngeren Inschriften sich zeigt, und eben diese Erscheinung dem nachbarlichen Dialekte von Alters her vorwiegend eigen ist, so ist die Wahrscheinlichkeit einer Uebertragung von vornherein sehr gross und um so mehr, wenn eine Abweichung vom alten Zustande der Sprache, Schwächung oder Trübung der Laute und ähnl. vorliegt. Andererseits wird die Wahrscheinlichkeit einer Uebertragung geringer, wenn sich eine Erscheinung des zu untersuchenden Dialekts bis zu den ältesten Quellen verfolgen lässt, und fast minimal, falls es sich noch dazu um alte Formen oder Gebrauchsweisen, wie sie im früheren Sprachzustande vielleicht allgemein herrschend waren, handelt. Natürlich liegen zwischen beiden Extremen eine Menge Möglichkeiten, und ehe man sich zu einem Urtheil entschliesst, wird man jede einzelne der in Frage kommenden Formen genau betrachten müssen.

Ich beginne mit dem, was nach meiner Ansicht sich direct auf den Einfluss der Böotier und Thessalier zurückführen lässt. Durch nichts ist der aeolische Dialekt im allgemeinen mehr bezeichnet als durch die Vorliebe für verdumpfte Vocale, namentlich für o- und u-Laute; es ist dies, wie G. Curtius Nachrichten d. gött. Ges. d. Wiss. 1862 p. 483—98 nachgewiesen hat, eine der wenigen Erscheinungen, die alle Zweige des Aeolismus durchziehen und die dem Dialekte in seiner Gesammtheit eine Färbung geben, durch welche er sich in gewisser Weise von den übrigen abhebt. Nicht als ob nun das übrige Griechisch oder einzelne andere Mundarten keine Spuren davon zeigten (vergl. Grundz.[1] p. 704 sq.), aber in dieser Ausdehnung ist sie fast zum besondern Charakteristicum des Aeolismus geworden. Wenn nun in einzelnen Wörtern des nördlichen Dorismus, der sonst der Verdumpfung nicht mehr

zuneigt als irgend einer der andern dorischen Dialekte, ε statt
ο sich zeigt, und zwar nur auf den jüngeren Inschriften, also
zu einer Zeit, wo die Völker dieses Theiles Griechenlands in
nahe Berührung mit einander kamen, so wird man die Annahme boeotischer Beeinflussung nicht umgehen können; es ist
dies der Fall bei dem E. N. Ϙρεμίς W. F. 47. 2.[3]), der doch
ohne Zweifel mit Ἀρομίες, Ϙρομίς, Ἀρόμιον, Ἀρόμιος zusammenzustellen ist, von Wurzel ὁρμα, und bei dem sehr häufigen Adverb ἔσδες, z. B. A. D. 20. 1. 27. 1. W. F. 21. 1.
22. 1. 30. 1, oft gebraucht in der delphischen Monatsbe-
stimmung μηρὸς ἔσδες Ποιτροπίον. Die Bedeutung kann
nicht zweifelhaft sein: ἔσδες ist gleich ἔσδω, ἔσδον, die andern
Dorier sagten ἔσδος nach Theognost anecd. oxon. II. p. 162. 10.
cf. Bekker anecd. III p. 1570. ἔσδος ἴσος βοιωτόιος Δώρια,
ib. ἔσδος λέγεται πολλάπις παὶ ἔσδοι (ἔσδος einmal bei W. F.
87. 4.) Die Vermuthung von E. Curtius A. D. p. 30, ἔσδες
wäre eine Abkürzung von ἐσδόσμος (also μηρὸς ἐσδόσμον
Ποιτροπίον), hat Hartmann in Hinweis auf ἔσδος μίτονδα
W. F. 87. 1 zurückgewiesen; dagegen wird die andere Erklärung des ganzen Ausdrucks μὴρ ἔσδες Ποιτρόπιος: es habe
zwei Monate mit diesem Namen gegeben und zwar sei der
eine Schluss- der andere Anfangsmonat des Jahres gewesen
und nun jener ὁ ἔσδος interior genannt worden, wenigstens
zum guten Theil, wenn auch nicht ganz bestätigt aus W. F.
86. 154. μηρὸς Ποιτροπίον τοῦ δειτέρον und 197. 243. 6.
Ποιτροπίον τοῦ πρώτον.

Unter die Spuren des Aeolismus zähle ich nicht ὄτερα
W. F. 38. 2. 244. 1. 376. 3. C. I. 1756 (lokr.) Ὄτεραπλεῖ

___

[3]) W. F. bedeutet die delphische Inschriftensammlung von Wescher
und Foucart; Curtius Ber. die Berichte, die G. Curtius darüber in
den Verhandlungen der sächs. Ges. d. Wiss. machte 1861 p. 216—37,
A. D. anecdota delphica von E. Curtius, oz. hyp. die ozolisch und
hypoknenidisch lokrische Inschrift.

A. D. 55 neben viel häufigerem vulgärem ὄτρεμα; denn in diesem Worte ist, wie ἀπότρεμος, δεξότρεμος, τρόντρεμος zeigt, auch im Gesammtgriechischen gerne Verdumpfung eingetreten und namentlich im Dorischen scheint die echte Form ebenfalls ὄτρεμα zu sein[1]), so dass wir eine aeolodorische Grundform *omama* ansetzen können. Darnach ist ὄτρεμα wol eher eine Anlehnung an die ποιτή, nicht aber ὄτρεμα, wie Curtius Ber. p. 218 und Hartmann p. 12 vermuthen, ein Aeolismus.

Der letzt Genannte rechnet unter die Boeotismen (id quod propter Boeoticam vicinitatem nihil miri habet) auch die Contraction von *εο* zu *ευ* in Θηέξτρος u. a. Was aber hat diese Contraction mit dem Boeotischen zu thun? Ist etwa dies *ευ* bei Homer, den Ioniern, in der Inseldoris, auf Sicilien u. s. w. auch ein Boeotismus? Dies liess ja bei zusammentreffendem *εο* *ε* in *ι* ausweichen, wie die strenge Doris, nicht aber *ο* in *ε*. Auch aus der Ias ist dieses *ευ* nicht in die Doris eingedrungen, wie Hartmann ein paar Zeilen weiter mit Ahrens II 214 behauptet (auch Morsbach in der trefflichen Dissertation de dialecto Theocritea p. 72 not. 1. scheint der Ansicht zu sein); denn als man *εο* nicht mehr neben einander duldete, war ausser der streng dorischen Contraction in *ω* (abgesehen von *εο*) das nächstliegende nicht *ου*, wie die Attiker sagten, sondern *ευ*, worauf Dietrich K. Z. XIV p. 49 in Hinweis auf deutsche Dialekte mit Recht aufmerksam macht.

Auf Seite 36 versucht Hartmann einen andern Beweis des boeotischen Einflusses speciell auf das Delphische zu geben; für seine Ansicht nemlich, dass das ältere Delphisch *οο* zu *ω* contrahiere, beruft er sich auf das Boeotische. Jene Thatsache hat wol Niemand bezweifelt, dem die altlokrischen, folglich altseptentrionalen Genetive auf-*ω* wie Ναςτέχτω und die bis in die

¹) Epicharm. bei Lorenz p. 251. Pindar ὄτρεμα ol. 6, 51. 57. ὀτρεμάζω pyth. 2. 44. vgl. Ahrens II 123.

jüngsten Inschriften hineinreichenden weiblichen auf -ος gegen-
wärtig waren; aus ihnen geht mit Sicherheit hervor, dass τοο
λογοο in einer pandorischen Zeit überall in τῶ λόγω contrahiert
und erst nachher und zwar verhältnissmässig spät durch Verdumpfung dieses ω das mild dorische οι wurde. Dass auch
die überwiegende Zahl aeolischer Dialekte an jenen Stellen ω
hat, zeugt nur von der nahen Verwandtschaft der beiden
grossen Mundarten; von einer besonderen Beziehung des Boeotischen zum Norddorischen kann hierbei gar nicht die Rede
sein: wie man angesichts solcher Thatsachen sagen kann:
quodam jure addere possumus etiam Boeotidem patrocinari
huic genetivo, nam nonnulla ex hac recepisse Delphidem con-
stat, vermag ich nicht zu begreifen. Und als ein neues Argument des boeotischen Einflusses führt H. dann an, dass im
jüngeren Delphischen wie im Boeot. und Arkad. statt des
dativischen ω οι erscheine: er zählt 27 Beispiele auf (es
kommen aber noch einige hinzu), vor welcher Menge die von
Curtius Ber. p. 219 geäusserte Ansicht einer nachlässigen
Schreibung schwinden müsse. Aber was bedeuten c. 30 Beispiele in so inconsequent und oft fehlerhaft geschriebenen
Inschriften*) gegenüber der erdrückenden Majorität (c. 1100)
der Wörter auf -ω; schwankt doch sogar auf einzelnen Inschriften ω und οι, so dass wir z. B. W. F. 64. 96, lesen τοῖ
Ἀπόλλωνι τῶ Πεθίω, was im Arkad.-Böotischen nicht der
Fall ist. Dazu beachte man, dass die Schreibung mit οι fast
stets auf nahe bei einander belegenen Inschriften sich findet, so
58. 61. 64.—96. 97.—220. 224.—243. 244.—300. 303. 304. 305,
also wenigstens die jedesmal zusammenstehenden einem un-
geschickten Steinmetzen zur Last fallen können, und man wird
doch lieber hier mit Curtius fehlerhafte Schreibung als „aus dem
benachbarten Boeot. hererübergeholte Locative" sehen wollen.

*) vgl. die Imperative auf ω 7 Mal auf den Inschriften W. F.
29. 82. 165. 287. 347. z. B. χαριέττω, ἴστω.

Ebenso dürftig wie im Vocalismus (denn dass der Stadt-
name Οὐάρθα bei Plut. quaest. gr. 15 und früher bei
Polyb. V 17, 8. — Τάρθα geschrieben wird, wage ich wegen
der unsichern Schreibung dieses Namens überhaupt bei dem
gänzlichen Mangel anderer Argumente für dem Boeot. entlehn-
tes ρ = σι nicht geltend zu machen), ebenso dürftig ist der
nachbarliche Einfluss im Consonantensystem. Mit Sicherheit
kann wol nur ττ statt σσ auf das Boeotische zurückgeführt
werden, das bekanntlich grade in diesem Punkte auch den
auf der andern Seite benachbarten Attikern in jüngerer Zeit
zur Nachahmung diente: Ἐρμάττιος W. F. 178, 4. Rang. 692.,
Λαττάζον W. F. 285, 3., τέττερις, τιττερίζοντι W. F. 213, 11.
Στάττιος Rang. 692 Χρεττίον μηρός ib. Sonst kommen nur
einige E. N. in Betracht, die aber unsichere Resultate lie-
fern: denn von den beiden Ξεννίας W. F. 6, 26. A. D. 43 ist
der eine ein Arkadier, also Aeolier, der andere zwar aus
Aetolien, aber wer kann wissen, woher sein Geschlecht
stammte? Und gar Ἠλιακλέας W. F. 54, 2, das an les-
bisches πλήκτι und boeot. τέττερις erinnert, wird von Keil
Rh. M. XIX. 616 vielleicht mit Recht einfach in Τηλεκλέας
geändert, würde aber auch sonst als einzelner E. N. nicht viel
beweisen.

Das ist nach meiner Ansicht Alles, was für einen „aeolischen" Einfluss mit Recht angeführt werden kann: es ist herz-
lich wenig und beschränkt sich auf vereinzelte Wörter und
durchaus auf die spätere Zeit.

Bei weitem interessanter sind die Erscheinungen, die dem
Aeolismus und unserm Zweige des Dorismus aus alter Zeit
gemeinsam verblieben sind.

Am merkwürdigsten sind ohne Zweifel die Formen der
sog. aeolischen Contraction, die indess schon so oft besprochen
sind, dass ich sie nur noch kurz zu berühren brauche. Die
Ansicht Ahrens' und Hirzels von der Analogie der Verba auf -μι

bei diesen Formen ist nach dem, was Gelbke Stud. II 40—42,
Allen III 264—70, Curtius Ber. p. 221, Stud. III 379—401,
Verbum I 352—57, Mangold Stud. VI 159—62 ausgeführt
haben, wol als gänzlich überwunden zu betrachten. Es handelt sich bei jenen Formen lediglich um eine andere ältere
Art der Contraction, die später verschwand, von der sich aber
Spuren in fast allen Dialekten finden. Nur das Dorische steht
mit Ausnahme seines nördlichen Zweiges bis jetzt merkwürdig zurück; dieser aber hat zur Aufklärung des ganzen Sach-
verhaltes sehr beigetragen, indem er für die Annahme, man
müsse von der Länge des Conjugationsvocals ausgehen —
eine Annahme, die für die neuere Erklärung unumgänglich
ist —, Formen wie die bekannten ἀπελλοτριόωσα W. F. 19, 8.
στεφανοῦτω 110, 21, 136, 5. δελήσοντι 442, 42, für die andere
gleichfalls nicht zu umgehende Annahme, der Conjugations-
vocal habe mit dem thematischen stets zusammengestimmt,
und für die Hypothese eines vorauszusetzenden -ajêmi Participia beisteuert wie lokr. ἐρχελήμενος hyp. 41, 45, delph.
ποιήμενος C. I. 1695, Ross 67, κελήμενος W. F. 396, 9,
ἐχεαρήμενος 417, 6 450, 8, χσήμενος 14, 4. Diese Formen
sind für meinen Standpunkt die wichtigsten, denn Participia
dieser Art gehen dem übrigen Dorismus vollständig ab, finden
sich aber im Aeolischen und bei Homer. So arkadisch
ἀδικήμενος I. Teg. cf. Stud. II 40, altlesb. κελήμενος,
ποιήμενος Heracl. ap. Eustath. 1432, 3, ἐμφαδετήμενος, ποιήμενος C. J. 2166, ἐρχελήμενος Conze XII A 40 al., junglesb.
ποιήμενος Philol. XXV, 191, eleisch κεδικήμενος Ahr. I, 230,
boeot. ἀδικήμενος Arist. Ach. 880, homer. ἐλατήμενος θ 807.
Durch diese Zusammenstellung (die Identität von α und η in
diesen Formen wird sich gleich herausstellen) wird einerseits
das hohe Alter der Bildung, andererseits ein enger Zusammenhang unseres dorischen Zweiges mit dem Aeolismus in früher
Zeit erwiesen (ἐλατήμενος bei Homer kann aeolisch sein),

jeder Gedanke aber an eine spätere Uebertragung aus der
Aeolis in die Doris ausgeschlossen.

Ein streitiger Punkt ist das *ει* in jenen lokr.-delph. Participien. Ahn lässt *κεκλήμενος* aus **κεκλημενος* werden, da
ihm eine Wandlung aus **κεκλημενος κεκλημενος* in *κεκλημενος*
undenkbar scheint (Stud. III 264). Letzterem zieht er sogar
die Meinung vor, *κεκλημενος* sei aus **κεκλαμενος* geworden.
Dagegen hat Curtius III 397 mit Recht geltend gemacht,
dass im Zusammenhange aller hierher gehörigen Erscheinungen und namentlich in Rücksicht auf das junglesb. *ποι-
ημενος* (lesbisch wird *ει* wie zu *η*) nur die Annahme der
sog. Diphthongisierung statthaft sei; zugleich wird ebenda gewiss mit Recht auf mild dorisches *ει* aus streng dor. *η, ἐπ.πεῖς*
aus *ἐπ.τῆς*, auf *τέθεικε, εἶκε, ἐτίθειν ἦεν* hingewiesen. Auf
den ersten Blick kann das auffälliger erscheinen, als es ist;
sicherlich aber war *ει* in den Fällen, wo es aus Contraction
oder Ersatzdehnung hervorging, kein echter Diphthong (so
wenig wie *ου*, vgl. Dietrich K. Z. XIV. 1. 1. Brugman Stud.
IV. 81 sq.), sondern nur ein an *i* anklingendes langes *e*. Nach
dem geschlossenen langen *e* erzeugt sich unwillkürlich ein
nachklingender i-Laut, wie man das in Wörtern wie „See“
hören kann und wie in der sächsischen und thüringischen
Volkssprache solches *e* fast stets zu *ei* wird. Im Griechischen
hat sich nur innerhalb des boeotischen und thessalischen Dialekts diese Lautneigung zum Lautgesetz ausgebildet, während
überall ähnliches vorkommt (vergl. auch Westphal meth.
Gramm. p. 65. 67 sq.), namentlich im milden Dorismus gegenüber dem strengen. Denn es kann gar keine Frage sein, dass
im milden Dorismus, wie aus *οο* erst *ω* (siehe oben), dann *ου*,
so analog aus *εε* erst *η*, dann *ει* wurde [6]), dass die gewöhn-

---

[6]) Mit dem aus Ersatzdehnung entstandenen *ου* und *ει* verhält
es sich vermuthlich etwas anders; hier ist kaum nachzuweisen, dass

liche Formel: α wird streng dorisch zu η, mild zu α contrahiert, nur in gewissem Sinne richtig ist. Also auch von dieser
Seite aus wird Ahrens Ansicht ($\varkappa \epsilon \lambda \dot{\eta} \mu \alpha \tau o \varsigma$ aus *$\varkappa \epsilon \lambda \eta \mu \alpha \tau o \varsigma$)
hinfällig, da stets die Zwischenstufe $\varkappa \epsilon \lambda \dot{\eta} \mu \alpha \tau o \varsigma$ vorausgesetzt
werden muss. Es ist also lokr. delph. α mit jenem lesb. elisch.
u. s. w. η ganz identisch.

Bei dieser Auffassung ist natürlich schon von vorn herein
die Frage entschieden, ob in jenen lokr. delph. Participien
boeotischer Einfluss in Bezug auf das α anzuerkennen sei; dieser
Wandel von η zu α kann hier so wenig wie im jüngeren Les-
bisch, im Attischen ($\dot{\alpha} \pi \tau \alpha \iota \varsigma$, $\tau \iota \vartheta \epsilon \alpha \sigma \iota$), Dorischen mit „boeotisch"
bezeichnet werden, da er ja seit alter Zeit im Griechischen be-
liebt und fast in allen Dialekten, wenn auch zuweilen nur in
wenigen Beispielen bekannt war.

Eine zweite sehr wichtige Uebereinstimmung unseres dorischen Zweiges mit dem Aeolismus, die in Gemeinschaft mit
der vorigen schon genug für eine nahe und nächste Verwandtschaft der nördlichen Doris mit der Aeolis spricht, ist der Ge-
brauch der Praeposition $\dot{\epsilon} \nu$ statt $\epsilon \dot{\iota} \varsigma$, der den Attikern, Ioniern,
den andern Doriern[7]) ganz abgeht. Hingegen ist er bei den
Norddoriern ausschliesslich ($\epsilon \dot{\iota} \varsigma$ nur W. F. 451, 2. Rang. 692
3 Mal) in allen Zweigarten, so lokr. $\ddot{\epsilon} \nu \tau \iota$ $\varkappa \alpha$ $\dot{\epsilon} \xi o \tau \iota \acute{o} \eta$, hyp.
15. $\dot{\epsilon} \nu$ $N \epsilon i \pi \alpha \varkappa \tau o \nu$ hyp. 1. 11. 32. 37. $\dot{\epsilon} \nu$ $\Lambda o \varkappa \rho o i \varsigma$ ib. 20. $\dot{\epsilon} \nu$
$\dot{\epsilon} \dot{\delta} \rho i \alpha \nu$ ib. 46, delph. $\dot{\epsilon} \nu$ $\delta \dot{\epsilon} \lambda \varphi o \iota \varsigma$ C. I. 1688. 5, $\ddot{\epsilon} \nu \tau \iota$ $\varkappa \alpha$ ib. 40.

---

o erst zu o_1, dann zu $o v$, ι erst zu η, dann zu α geworden ist, cf
Brugman l. l.

[7]) In dem Helotenliedchen bei Athen. IV. 140 ist statt $\dot{\epsilon} \nu$ $\dot{\alpha} \gamma \rho o i \sigma \iota \nu$, was Bergk wollte und Meineke in den Text aufgenommen
hat, mit Recht von Ahrens II, 482 $\dot{\epsilon} \gamma \alpha \rho \acute{v} \sigma \iota \sigma \iota \nu$ wieder hergestellt.
Die Grammatiker, z. B. J. Gr. 245, 6. Eustath. 1839, 8 mit ihrem $\dot{\epsilon} \nu$
$\epsilon \dot{\iota} \varsigma$ $\lambda \acute{o} \gamma o \nu$, stützen sich nur auf Pindar (pyth. II. 11. 86. V. 38. nem.
VII, 31), ebenso, wie man aus den Beispielen sehen kann, wenn sie
z. B. Ann. Ox. I. 169, 19. 176, 3 von $\dot{\epsilon} \nu$ = $\epsilon \dot{\iota} \varsigma$ als einer boeotischen
Erscheinung sprechen.

— 35 —

ἐν τὸ πρυτανεῖον Ulrichs pag. 67. ἐν ἡλικίαν W. F. 43. 15
306. 11. ἐν τὰς φρένας 66. 9 u. s. w. sehr oft. phok. ἐν αὐτοῖς
Ross 85. thaum. ἐν τὸν ἅπαντα χρόνον C. I. 1771. 72.
aetolisch ἐν Αἰτωλίαν, ἐν Κίον C. I. 2350, ἐν τοῖς ῥόφους
C. I. 3046, dann Rangabé 692 (diese Inschrift wird von
ihm für jung thessalisch gehalten, ist aber aetolisch) ἐν τὸν
Εὔφρανον, ἐν τὰν πόλιν, ἐν τὰν Κολώναν, ἐν τὸν Ἑλικῇ u. a.
946. 947. ἐν τὰν στάλαν. Wenn nun aber Ahrens meint, ἐν
statt εἰς sei nur im nördlichen Griechenland zu Hause, so ist
das ein Irrthum. Zwar kommt es boeotisch oft genug vor
(C. I. 1568 ἐν τὰν προξενίαν, ἐν τὸν ἐνιαυτόν, ἐν τὸν ἀγόρ, ἐν
τὸ μέσον 1571. 74. 69 III. auch fehlt es im Thessalischen
nicht: ἐν χίόραν, ἐν τὸ Ἰσπλαιτανον Ahr. II. 528. 534.), aber
auch in andern aeolischen Mundarten ist es zu finden, so
arkadisch mit Schwächung des ε zu ι ἰνεφάντω ἐν δικα-
στήριον I. Teg. 20. ἐν ἔσταισαν (i. e. ἔστασαν) ib. 39. ἐν ἐπί-
ζαραισαν 52. und kyprisch ἐν φάραι εἰς τὸ φῶς Hesych., ἐμπέ-
ταισαν ἐμβάλωσιν u. a., cf. Bergk de titulo arcad. p. 7. Lesbisch
ist es bis jetzt nicht belegt und es ist hier bei den Eigenthümlichkeiten dieses Dialekts auch nicht zu erwarten, während
uns im Elischen sicherlich derselbe Gebrauch begegnen würde,
wenn wir nur mehr Inschriften hätten. Noch frappanter wird
diese ganze Uebersicht durch die Vergleichung des lateinischen
in, dessen i zwar nichts mit dem arkadisch-kyprischen ι zu thun
hat (trotz Bergk l. l.), das aber doch mit vollständiger Sicherheit auf ein graecoitalisches εν schliessen lässt, noch erhalten
in en-do umbr. en-. Aus ἐν wurde dann ἐνί, daraus *ἐνς
(vgl. ἐς abs εἰς), argiv. kret. ἐνς, gesammtgriechisch εἰς gebildet. Grundz.¹ p. 309. Ahrens Ansicht von der Grundform
εἰς, die theils zu εἰς *ἐς, ἐς theils zu ἐν wurde, erledigt sich
schon durch ἐνί, während Gelbke Stud. II 17 gegen Kuhns
Meinung (Z. IX, 368), arkad. ἐν sei aus *ἐνς geworden, mit
Recht bemerkt, aus ἐνς hätte ἐς werden müssen, wie aus τόνς

3*

τός, ιε aber sei nur ithacistisch. Andere ältere Ansichten vgl.
bei Pott. etym. Forsch.² 1 p. 314—16, 320—24, der selbst
ιε aus ιν + οι entstehen lässt unter Zustimmung Bergks tit.
arcad. p. 6. not. 5.

Bei dieser Sachlage nur die Möglichkeit einer spätern
Uebertragung aus dem Aeolismus in unsern Dorismus zuzu-
gehen, halte ich für ganz unstatthaft: diese Ansicht ist auch
wol nur von Bergk gr. Lit.-Gesch. p. 65 Anm. 42 vertreten.
Im Gegentheil: hier wurde Uraltes gleichmässig bewahrt, es
fand offenbar von alter Zeit her ein enger Zusammenhang der
späteren Norddorier mit den Aeoliern statt, und es findet sich
hier ein Zeichen der Continuität, des allmählichen Uebergangs
zwischen beiden, das mir als höchst bedeutsam erscheint.

Eine weitere Uebereinstimmung ist die Apokope der Praeposition περί, auf die Ahrens II. 357 mit Recht Gewicht legt.
Sie findet sich zweimal im tit. hyp., περ Κοθρῳίεν, und einmal C. I. 1688, περοδος, ausserdem bei Pindar und in der
Theogonie, also bei Dichtern, die nach Ahrens eng mit Delphi
zusammenhiengen. Letztere Ansicht hat Hartmann p. 26 sq.
bekämpft, wie mir scheint, mit ungenügenden Gründen, worauf ich hier nicht näher eingehen kann. Doch macht er für
περ bei Pindar mit Recht auf den poetischen Gebrauch von
περ auch bei Aeschylus aufmerksam: περι βαίνοντο Agam. 1147,
περισκήνοις Eum. 634 nach der La. des cod. Med.[*]) Was
das nun aber auch bei Pindar sein mag, poetische Licenz oder
Spuren des Delphischen, für den nördlichen Dorismus steht
die Apokope vollkommen fest (vgl. noch Hesychs Glossen

---

[*]) Obgleich jetzt seit Turnebus meistens περιβαίνοντο und περισκήνοις oder περισκήνηις gelesen wird, sind doch die andern Formen gut genug bezeugt, besonders durch ein Scholion zu Eum.
634 περι τὴν ὀρχολοφίν τὴν περι καὶ τὴν σκηνὴν τοῦ θήματος.
Hermann liest auch περι-, vgl. seine Anmerkung zu Agam. 1106
nach seiner Zählung.

πτρομγνέται, πτρόόσχις, πτρσίσσον Ahr. II. p. 357) und ebenso sicher ist, dass diese nie im übrigen Dorismus Statt hat, wol aber im Aeolismus, lesb. Ahr. I. 56, 150) πτρθέτω Alkaeos 36 B. u. a., vor Vocalen mit Assimilation des *τ. j.* an φ:πτρρρσχος Sappho 92 B. und elisch mit Erhaltung des alten ει πτρ πολέμω i. e. πτρὶ πολέμον C. I. 11, Ahr. I. p. 228; es stellt sich also auch hier in einer nicht unwesentlichen Sache ein besonderer Zusammenhang zwischen dem Aeolismus und dem nördlichen Zweige des Dorismus her.

Weniger ist dies der Fall bei der Bildung der Accus. Sing. der Femininstämme auf *-ι* und *ιδ*; denn obgleich der Aeolismus im Gegensatz zum übrigen Griechisch, das gerne *-ιδα* bildet, die uralte Bildung auf *-ιν* bewahrt (Grundz.¹ pag. 622), z. B. χτέμιν ορρέγιν, χίχιν Ahr. I. 113, und dazu sehr gut delphisches *Κελλίν* W. F. 40, 7, Σωτηρίν 32, 10, 174, 2, τιχρήτιν 177, 5, Στρατελλίν 408, 11, stimmt, so ist doch diese Bildung auch der andern Doris nicht ganz fremd (vgl. Ahr. II. 232) und so kann man hier wol kein Kriterium für die zwischenmundartliche Geltung des nördlichen Zweiges erblicken.

Auch nicht viel Gewicht kann ich auf gewisse Uebereinstimmungen in der Bildung der Eigennamen legen; es ist bekannt, dass sich die Boeotier dazu gerne des Deminutiv-Suffixes *-ιχο-ς* bedienten: *Βάτιχος, Ιομιχος* Ahr. I. 246, Böckh zu C. I. 1579a und I. pag. 725; ebendies Suffix ist nun besonders häufig auch auf den jüngeren delphischen Inschriften: *Σωτήριχος* A. D. 25, *Νέριχος* W. F. 5, *Νάριχος* 6, *Εὐθύριχος* 6, *Ἡσίχον* u. s. w., aber auch dem übrigen Griechenland nicht fremd, obgleich dort nicht in solchen Massen vorkommend, so in Athen *Φρέτιχος, Μήτιχος, Ὀλέμ-πιχος*, in Chalkis *Τέρτιχος* (vgl. Böckh. l. l. und Greg. Cor. p. 290. not. 27.), weshalb mir hier ἐποχὴ τῆς γνώμης am Platze scheint. Man könnte indessen, da es sich um Eigennamen

handelt, hier vielleicht für das jüngere Delphisch directen
nachbarlichen Einfluss Bocotiens annehmen. Ebenso steht es
mit der Bildung -ειδης statt ειδης, die auch besonders dem
Bocotischen eigen (Ahr. I. 214. II. 525), aber ebenso im Delphischen häufig ist: Ἀγόρδες A. D. 10. 11. W. F. 30. 11. u. a.,
Ἐτεμόρδες A. D. 61. W. F. 18. 127. 43. 32, Κλεόρδες A. D.
13. Ἱερόρδες, Ξενόρδες, Νεαρόρδες W. F., jedoch fehlt sie
auch sonst nicht (Böckh C. I. I. 726) und deshalb wage ich
nichts zu bestimmen.

Schliesslich ist noch eine Uebereinstimmung die, dass
Bocotier und Lokrer im Worte ἴδος gleichmässig den alten
Spiritus lenis bewahren, bocotisch ορδοιρ Ahr. I. 180., lokr.
ἰδρία tit. hyp. 45, was jedoch nicht viel beweist.

Es bleibt nur noch wenig zur Besprechung übrig, zuerst
der sonderbare metaplastische Dativ der consonantischen und
weichvocalischen Declination auf -οις, auf den jüngeren Inschriften bekanntlich unzählig oft bezeugt: ἔριοις Φωκίοις,
Φωκίοις, Μιλτιαίοις, Ἡγίοις, Ἀγείοις W. F., Rangabé,
A. D., vgl. auch Eustath. 279. 58. Ahrens hält diesen Gebrauch
für jung und erst nach 380 v. Chr. entstanden (II. 231), Allen,
Stud. III. 278, gestützt auf die alten lokrischen Inschriften,
für uralt, beide aber für ein Charakteristicum des nördlichen
Griechenlands und für einen Beweis des engen Zusammen-
hangs des nördlichen Dorismus und Böotismus, vgl. ἥπει
d. h. ἄγοις d. h. ἀγί C. I. 1569a III. Jede dieser Behaup-
tungen entbehrt der nöthigen Begründung. Dass dieser Dativ
älter ist als 380 (obgleich auf dem Amphiktionendekret C. I.
1688 aus dem Jahre 380 -σοιι steht), erhellt aus lokr. oz.
14 μαιόνοις, hyp. 47 Νεκαίοις[2]); aber sie sind auch nicht

---

[2]) Hiemit fällt eine Hauptstütze des von Ahrens construierten
„älteren delphischen Dialekts"; dass dieser selbst nur eine Fiction
ist (denn auch die Verkürzung der Endsilben in ihm beruht auf
falscher Lesung des C. I. 1688), lässt sich mit Hülfe des Lokrischen

„ex antiquissima memoria accepti", also nicht aus acolo-dori-
scher Zeit, wie die Entstehung der Form beweist. Altdorisch
und altaeolisch — also aeolodorisch ist die Endung -εσσι:
böot. ϝοέεσσι C. I. 1569, ἀνδρεσσι 1579, 1580, Χαρίτεσσι
u. a., lesb. ἐλθόντεσσι C. I. 2166, φερόντεσσι Conze XII, A 29,
πολίεσσι VI, 1, 6 u. a. cf. Ahrens I. 115, 204, dor. vgl. Ahr.
II. 229, die sich namentlich auf den Amphiktionen- und delphischen Dekreten in feierlicher Rede bis in späte Zeit hielt:
C. I. 1688, A. D. 46. Jedoch mussten solche lange Worte,
z. B. ἱερομναμόνεσσι, sehr lästig werden, Bequemlichkeit und
der Hang zur Uniformierung führte bald dahin, bei den unend-
lich häufigen Formen der ο-Declination nun auch -οις in der
sog. dritten Declination zu gebrauchen.[19]) Es ist das ja
immer der Gang der Sprache, alte, schwierigere, seltnere Bildungen zu verdrängen, dafür leichtere, bequemere, durch Analogie gebildete an die Stelle zu setzen und so ein Gepräge
der Einförmigkeit herzustellen. Solche Vorgänge weisen aber
nicht auf eine vorhistorische, hier also aeolodorische Zeit,
sondern auf die spätere, wo die Zersetzung der Sprache schon

sehr leicht zeigen, wozu mir indess jetzt der Raum fehlt. Hartmann
hat die Frage nicht einmal berührt.

[19]) vgl. G. Curtius Stud. III, 384. Die Annahme von Ahrens
I. 236, -οις sei aus -εσσι entstanden, ist natürlich ebenso unhaltbar
wie die von Bergk Lit. Gesch. p. 66 Anm.: -οις aus „Suffix οφι" +
Pluralzeichen ς. Auch die Ansicht von E. Curtius A. D. p. 91 und
Allen Stud. III, 261: man hatte erst einen Stamm, z. B. φεροντο, gebildet und davon φερόντοις, ist an jenem Orte der Studien von G.
Curtius zurückgewiesen. Wenn Hartmann p. 55 die Herleitung aus
Bequemlichkeitsgründen damit abzuweisen glaubt, ἀνδράσι, ἔτσαι,
ρασι sei bequemer als ἀνδράσις (?ἀνδραις W. F. 21, 9, 29, 9 u. o.),
ἔτσοις, ρασις, so liegt sein Irrthum in der Ansetzung alt- und echt-
dorischer Formen auf -σι, die alten Dorer sagten ἀνδρασσι, ἔτεσσι
ρασσι; auch macht die Bildung mit -σι an den meisten Stämmen grosse
lautliche Schwierigkeiten und Unbequemlichkeiten, vgl. auch Rangabé
II p. 8.

begann. Wenn um 450 (die ungefähre Zeit der lokr. Inschriften) μειότοις gesagt wurde, so lässt dies für jene alte
Zeit der Sprache keinen Schluss zu und würde, selbst wenn
dieser Dativ nur norddorisch und nordaeolisch wäre, wenig
für ein uraltes Zusammenstimmen in diesem Punkte beweisen.
Aber das ist er nicht einmal: -οις in der cons. Declination
findet sich — genau dem Hange nach Analogie entsprechend
— in manchen andern Gegenden, was Allen offenbar über-
sehen hat, so im Messenischen: Weihinschrift von Andania
ἐναγέοις 5, ἐπιτετελεσθέντοις 12, ἐπιλοέντοις 41, πάν-
τοις 48 u. s. w., vgl. Sauppe p. 12; in einer Inschrift aus
Thuria (W. Vischer, epigr. und arch. Beiträge 38, 30) κατε-
στραθέντοις, im jüngeren Arkadisch Φιαλέοις, πολέοις
(Archäol. Anzeiger 1859 p. 112), im jüngeren Sizilisch
ἱερομναμόνοις, στρατηγέοντοις (Franz annal. inst. arch. X, 1 u.
1838 cf. Ahrens II. p. 251, im jüngeren Kretisch ἀμέτοις Rev.
arch. 1864 II p. 76, vielleicht lesbisch Ahr. I. 120. Wo bleibt
da das specifisch Nordgriechische? wo der Zusammenhang des
Dorismus mit dem Boeotischen? Keine andere Annahme bleibt
diesen Zeugnissen gegenüber möglich als die, dass diese Sprach-
verderbung in den verschiedenen Gegenden sich unabhängig
entwickelt hat [11]).

Ganz ähnlich verhält es sich mit der letzten zur Besprechung
kommenden Erscheinung. Die Grammatiker bezeugen mehrfach,
dass die Boeotier in der 3. Ps. Pl. des Imperfects der thematischen Verba die Endung -σαν gebraucht hätten, z. B. Et. M.
282, 35. οἱ Βοιωτοὶ ἐπὶ τῶν μὴ ἐχόντων τὴν μετοχὴν εἴς ς
ὀξύτονον ποιοῦσι τὸ τρίτον τῷ πρώτῳ ἰσοσύλλαβον οἷον
ἐφίλομεν ἐφίλοσαν, εἴδομεν εἴδοσαν u. ö., vgl. Ahr. I. 210
nr. 3. Eben das soll auch chalkidisch, euboeisch, ja nach Phavo-

---

[11]) Hier stimme ich ausnahmsweise mit Hartmann überein, der
ebenfalls den ursachlichen Zusammenhang leugnet p. 35.

rinus auch dorisch sein. Ahr. II. 304. Derselbe Phavorinus
kennt auch ein „aeolisches" ἅπτοισι, und da mit allen diesen
Formen der auf jüngeren delphischen Inschriften hervortretende
Optativ περίχοισι C. I. 1702 gut zu stimmen schien (diese
Stelle nur kannte Ahrens, jetzt kommen hinzu περίχοισα
W. F. 42. 25 435, s. ἔχοισι 43. 15. ἐπιλέγοισι 306. 12
neben den viel häufigeren Endungen -σι und -σα), so schloss
Ahrens I. 210. 237 hieraus wieder auf einen näheren Zusammenhang des Boeotischen und wenigstens des jüngeren nördlichen Dorismus. Aber das ist mehr als fraglich; Ahrens bestreitet selbst die Autorität des Phavorinus in dieser Sache,
und die Nachrichten der andern Grammatiker über das Boeotische sind auch zweifelhaft, denn gerade diesem Dialekt wird
sonst — bei den Verbis auf -μι — eine Vorliebe für die
kürzere Endung zugeschrieben Et. M. 282. 30. 401. 13. 532. 38
u. o. Ahr. I. 210. z. B. ἧεν, ἐκόσμηθεν, ἐφάνθεν; von welchen vernünftigen Gesetzen sollte denn solch ein Dialekt beherrscht sein, der einerseits da Uraltes bewahrte, wo das übrige
Griechisch (ausser dem Altdorischen Ahr. II. 317) neuere
Formen liebte, andererseits aber in demselben Punkte eine so
unmässige Sucht nach neuen Bildungen zeigte, dass er da die
gewöhnliche Sprache weit überholte? Zu dem häufig gebrauchten Hülfsmittel der Analogieerklärung kann man doch hier
nicht greifen, da ja Formen wie ἐδόκισοῦσι, ἦλθοισι im
Boeotischen nicht einmal bei den Verbis auf -μι ihr Analogon
hatten. Zudem spricht Choeroboskos anstatt vom Chalki-
dischen vom Chalkedonischen (Ahr. l. l.), ja sogar Asiaten und
Chaldäer werden hineingebracht (cf. Sturz de dial. maced.
p. 59 sq.), so dass man wol nicht zu kühn ist, wenn man hier
die Nachrichten der Alten ganz verwirft. Die Sache ist wol
die: Die jüngere Endung -σαν kommt in weiterer Ausdehnung
erst allmählich im Laufe der Graecität auf, so bei Homer im
Optativ nur einmal, P 733 στείοισαν, und ging von den Verbis

auf -μι, wo sie früh Statt hatte, und von deren Optativen in
späterer Zeit zu den Optativen der thematischen Conjugation
über, wie im jüngeren Delphisch, wozu man sehr zahlreiche
Belege auch aus der hellenistisch-alexandrinischen Sprache
bei Sturz p. 60 hat: dann endlich nach dem ganzen Zuge der
Gleichmacherei, der die Sprache in ihren späteren Stadien
beherrscht, bildete man auch die historischen Zeiten der thematischen Verba mit -σαν, cf. Sturz p. 58. Es ist das also ein
Zug allgemein griechischer Entstellung und Depravation, der
mit dem Böotischen und Norddorischen speciell nichts zu thun
hat und am wenigsten dazu geeignet ist, als eine besondere
Uebereinstimmung beider aufgefasst zu werden.

Um nun kurz das Resultat zusammenzufassen: wir haben
gefunden, dass im nördlichen Dorismus von eigentlich aeolischen d. h. aus dem Aeolismus entlehnten Bestandtheilen nur
äusserst wenige Spuren vorhanden sind, dass hingegen unser
Dialekt, wenn auch nicht in so vielen, wie man wol angenommen hat, doch mindestens in zwei wichtigen Punkten
Uraltes gemeinsam mit dem Aeolismus erhalten, eine dritte
Erscheinung mit ihm zusammen entwickelt hat, während das
übrige Dorisch andere Wege geht. Hält man die strenge
Scheidung zwischen Dorisch und Aeolisch nach Art des Stammbaums aufrecht, so ist das gar nicht oder nur mit Zuhülfe-
nahme des Zufalls zu erklären (letzteres scheint mir, so
lange ein anderer Ausweg bleibt, doch gewagt): die Erklärung
ist leicht, wenn man annimmt, dass eine scharfe Scheidung
zwischen Dorisch und Aeolisch nicht möglich ist, dass in alter
aeolodorischer Zeit die späteren nördlichen Dorier enger mit
den Aeoliern zusammenhingen als die übrigen oder, etwas
anders ausgedrückt, dass der norddorische Dialekt eine der
Brücken ist, die vom Aeolismus zum Dorismus hinüberführen.

UEBER GRIECHISCHE PFRFECTA MIT PRAESENSBEDEUTUNG.

Von

RICHARD FRITZSCHE.

LEIPZIG.

Die Geschichte der Reduplication ist wie die der meisten sprachlichen Formen die eines Schwindens und Verfalls. Beginnend mit Doppelung der als Wort fungirenden Wurzel endet sie mit der Uniformirung im griechischen Perfect, mit gänzlichem Wegfall in einigen griechischen, häufiger in indischen Formen, sowie in der Mehrzahl der lateinischen Perfecta und der gotischen Praeterita. Dem parallel geht in gewissem Sinne die Entwicklung der Bedeutung. Wir dürfen die intensive ebensowohl wie die iterative Kraft der Reduplication schon für die indogermanische Zeit voraussetzen. Dafür spricht besonders die dem Sanskrit, Griechischen und Lateinischen gemeinsame causative Bedeutung, welche sich nur aus der intensiven erklärt; nicht minder die Verwendung, welche die Reduplication in den indischen und griechischen Aoristen erfährt. Von da ist aber noch ein weiter Schritt bis zu dem Gebrauche, den dieselbe im Perfect zeigt. Hier bezeichnet sie die vollendete Handlung. Wie erklärt sich das? Die ältere Grammatik hatte hierfür schon deshalb keine genügende Antwort, weil sie Augment und Reduplication durcheinder warf. So schrieb Buttmann Ausf. Gramm. I², 313 Anm.: „Schon der Umstand, dass beide Augmente den Praeteritis ausschliessend angehören, lässt erwarten, dass sie einerlei Ursprungs sind. Ohne uns in psychologische Erörterungen einzulassen, können wir es auch wol sehr begreiflich finden, dass die alte Sprache um etwas Vergangenes, Geschehenes anzudeuten, eine Verdoppelung anbrachte." Die gegenwärtige Auffassung, welche

wol nur noch eine geringe Zahl von Gegnern zählt[1]), geht für
die Erklärung der in Frage stehenden Erscheinung nicht von
der im Sanskrit, im Deutschen u. s. w. sowie zum Theil im
Lateinischen vorliegenden Bedeutung der Vergangenheit aus,
sondern von der gewiss ältern und durch den besondern
Genius des Griechischen wesentlich rein erhaltenen der voll-
endeten Handlung, welche als eine höhere Potenz der momentanen oder dauernden Handlung durch die Reduplication bezeichnet wurde. Hierzu war die letztere geschickt durch die
ihr innewohnende intensive Kraft; jedoch konnte sie, wie mich
dünkt, zum Ausdruck einer abstracten sprachlichen Categorie
nicht wohl verwendet werden, wenn sie nicht schon vorher
den Character eines sprachlichen Symbols erhalten hatte,
vergleichbar etwa der zum Ausdruck der dauernden Handlung im Praesensstamme verwandten Vocalsteigerung: wofür
instructiv ist, dass die Reduplication in einer Reihe von Verben auch zur Bildung des Praesensstammes dient. Und deshalb scheint es mir gerechtfertigt zu sagen, dass der schwäch-
sten Form, welche die Reduplication in der Perfectbildung
zeigt, auch deren abgeschwächteste, weil am wenigsten sinn-
liche, Bedeutung im Perfect parallel geht.

[1]) Die Auffassung, dass die Perfectreduplication stattfand „um
das Einfallen der Handlung in zwei verschiedene Zeiten zu bezeichnen; z. B. *da-da* heisst wohl ursprünglich: ich gab und gebe und
so; ich habe gegeben" (Fick Indog. Wörterb.[2] 936), dürfte wohl selbst
von logischen Schwierigkeiten nicht frei sein. Am besten wird sie
jedoch, so glaube ich, widerlegt durch eben die intensiven Perfecta,
die hier erörtert werden sollen. — Auffallend ist, dass Kühner Ausf.
Gramm. II[2], 128 noch auf dem alten Standpunkte steht, nach welchem bei allen praesentischen Perfecten die Praesensbedeutung aus
ursprünglicher Perfectbedeutung hervorgegangen sein soll, wenn dies
auch nicht überall so schön wie bei ζιζημι, τίθηκα u. s. w. er-
sichtlich sei. Und doch hat Curtius schon Tempora und Modi p. 172
das Unmögliche dieser Annahme dargethan.

Aber nicht alle diejenigen reduplicirten Verbalformen, welche sich allmählich in ihren Endungen sowohl als in der Form der Reduplication von den Praesentien als Perfecta differenzirten, nahmen damit auch zugleich die Bedeutung der letzteren an. „Die wortbildende Reduplication erzeugt in *κέκραγα, μέμυκε* u. s. w. dieselben Endungen, wie die flexivische in *λέλοιπα, λέλογχα*:" dieser Satz wurde zuerst in Curtius' Tempora und Modi p. 176 ausgesprochen. Es blieben Perfecto-Praesentia übrig. Verba, welche trotz der angenommenen Perfectform die ursprüngliche praesentisch-intensive Kraft, welche ihnen die Reduplication verlieh, beibehielten. Möchte es mir gelingen, durch ein möglichst vollständiges Verzeichniss gesicherter Fälle der Art zur erneuten Bestätigung dieser Erkenntniss ein Geringes beizutragen.

Zuvörderst sind zwei Fälle zu erwähnen, in denen die so characterisirte Erscheinung in ganz besonderer Deutlichkeit vorliegt. Erstens *δίδω* neben *δείδω*. Letzteres entstand durch Epenthese aus *δέδω*, ähnlich wie *δείδω* aus *δέδα* (Stud. VI 300). Für beide dürften wir also ein ursprüngliches *δι-δίωμι* ansetzen, und falls nicht etwa das seltene *δείδω* erst auf Grundlage von *δίδω* entstand, indem *δεδίωμεν* zu *δειδίωμεν*, *δειδίωμεν* wurde, haben wir hier aus gleicher Grundform differenzirte Perfect- und Praesensbildungen nebeneinander. Das andre ist das Particip *ἰαχών* B 316: *τὴν δ' ἐλελιξάμενος πτέρυγος λάβεν ἀμφιαχυῖαν.* Hier beweist das kurze *ι*, dass die Reduplication des Praesens *ἰάχω* ohne Weiteres für das Perfect benutzt worden ist: in *ἰαχών* ist nicht nur die Bedeutung, sondern auch die Reduplication eine praesentische. Zu solchen Beispielen einer Vermischung der Perfecta mit den Praesentien auch in der Form treten nun hinzu Imperfecta wie *ἦ-, ἐ-ῄκουθι, γέγωνε, δείδιε, μέμηκον* bei Homer, *ἐτέτμον* bei Hesiod. Participien wie *κεκλήγοντες* Hom., *ἐρρίγοντι* Hes., *πιφρίσκοντας, κεκλήδον-*

τα Pind., πεπλήγοντες Callim., τετρήχοντα Nic. Th. Ueber
dieselbe Erscheinung im syracusanischen Dialect bei sämmtlichen, nicht nur den intensiven Perfecten, vgl. Ahr. dor.
351 f.

Die Unterscheidung zwischen Praesens- und Perfectbedeutung ist im Allgemeinen leichter bei Verben der Thätigkeit als bei solchen die einen Zustand bezeichnen. Die letzteren hingegen nehmen mehrfach eine vermittelnde Stellung
ein, so dass sie den Uebergang aus der intensiven in die per-
fectische Bedeutung erkennen lassen. Deshalb führen wir
zunächst die ersteren auf, und zwar zuvörderst die Schall-
perfecta, welche schon Buttmann (Ausf. Gramm. II² 89) besonders bemerkenswerth erschienen, und bei denen jede Möglichkeit der oben (Anm. 1.) erwähnten Theorie Kühner's u. a.
ausgeschlossen ist.

1 βέβρυχα P 264 βέβρυχεν μέγα πρὸς ποτὶ ῥόον,
ὄχθη δέ τ' ἄμφω μέγα τε βρόενσαι. Als Ipf. βεβρύχει neben
φρίσσειν ρ 242. Das Praesens βρυχάομαι hingegen ist erst
seit Sophocles (Aj. 322) nachweisbar.

2 κέκληγε, κεκλήγοντες P 88 οἳ δὲ διὰ προμάχων ὀξέα
κεκλήγοντες οὐδ' εἰον ἄλλος Ἀτρείδης ὀξὺ βόησεν. Das Praesens
κλάζω hat schon Homer; den Nasal zeigen auch κλάγξω
(Aesch.) und κεκλάγξομαι mit einfacher Futurbedeutung Ar.
Vesp. 930: ἵνα μὴ κεκλάγγω διὰ κενῆς ἄλλως ἐγώ· εἰ δὲ
μή, τὸ λοιπὸν οὐ κεκλάγξομαι.

3 κέκραγα, bei den Komikern und in Prosa viel häufiger als das Praesens κράζω; vgl. ἴσθε καὶ κεκραγόσι Dem.
de corona § 132. Zu erwähnen sind Imperat. κέκραχθι Ar.
Vesp. 415, κεκράξομαι als einfaches Futur Ar. Ran. 265 und
in später Prosa, ἐκέκραξα und ἐκέκραγον in den Septuaginta.
Κεκραξιδάμας als Bezeichnung des Kleon, κέκραγα und
κεκράκτης Ar., κεκραγμός Eur., κεκραγήσω κραγγάναι Hes.

4 κεκαραγώς kann ich nur durch Umkehrung einer

Hesychischen Glosse belegen: μεμηκός κεκραγός. Es wäre interessant, wenn die Wurzeln κλαγ κραγ κραγ κραγ, deren ursprüngliche Einheit ich Stud. VI 340 nachzuweisen versucht habe, sämmtlich analoge Intensivbildungen entwickelt hätten.

5) κεκραγός steht Ar. Av. 1521: κεκραγότες ἐπιστρατεύσειν φασὶν τῷ Διί als Perf.-Praes. zu κράζω. Darauf geht wohl κεκρηγότες κεκραγότες Hes.

6) λέληκα, λέλακα, zu λάσκω, nicht selten bei Homer und den Tragikern, sowie Arist. Hist. an. 9, 32 in Praesensbedeutung. Vgl. den Aor. λελάκοντο hymn. Merc. 145.

7) μέμηκα, Ipf. μέμηκον ι 439, dient Homer als Praesens zum Aor. μεκών. Das Praesens μηκάομαι (vgl. μηκάζω findet sich nur bei Grammatikern, da Aesch. fr. 55 Dind. gewiss τετράχθαιτο δ᾽ ἐπομεκόντα zu lesen ist.

8) μέμυκα, zum Aor. μεκών, bei Homer, Hesiod und Aeschylus, gleichbedeutend mit μεκάομαι.

9) τέτριγα, stets ein Praesens wie τρίζω, bei Homer, Herodot, Lucian u. a.

An diese Schallverben reihen wir zunächst die übrigen intensiven Perfecta, soweit sie eine Thätigkeit bezeichnen, in alphabetischer Ordnung.

10) ἀναβέβρυχεν steht nur P 54: οἷον δὲ τρέφει ἔρνος ἀνὴρ ἐριθηλὲς ἐλαίης χώρῳ ἐν οἰοπόλῳ ὅθ᾽ ἅλις ἀναβέβρυχεν ὕδωρ. Ueber dieses Verbum, dessen Bedeutung „sprudeln" wohl nicht zweifelhaft sein kann, handelt Buttmann Lexil. II² 109. Zenodot's Lesart ἀναβέβροχεν, falls wir sie nicht mit Bekker (2. Ausg.) adoptiren, dürfte uns wenigstens die Ableitung von βρύχω (cf. ἐπέβροχα, ἐπο-, περιβρύχιος wahrscheinlich machen, wenngleich uns aeolisches ε für das ο des Perfects sonst nicht überliefert ist. Zur Bedeutung liesse sich etwa ἀναβλύει πηγαί (zu βλύω, βλύζω) Hes. vergleichen.

11) βέβρυχός als praesentisches Pf. zu βρύχω gebraucht

4

Q. Smyrnaeus 5. 146: (ἄεσν ὀμφρδεἰον βεσσσρῆσαι ἐπεὶ γενέ-
σσαι ἃ ἰσηχάς, vielleicht nur aus falscher Etymologie von Nr. 1.

12) ἃ ἰρσόθοτε Α 35: εἰ δὲ σέγ᾽ εἰσιλθούσα πέλεε καὶ
τείχεα μακρὰ ὁμὸν ἃ ἰρσόθοτε Πρίαμον ... τότε καν χόλον
ἐξακέσαιο gehört möglicher Weise einem Praesens ἃ ἰρσόθοω an,
welches aber doch wohl auf einer Perfectform fussen würde,
aus der sich ἃ ἰρσόᾳτα Δ 203 mit einfacher Futurbedeutung
erklärt (vgl. auch ἃ ἰρσόᾳσω). Zur Bildung vgl. ἐχρηγόρ-θ-εσι.

13) γεγαργός ὁ τετε χρῶν ἐπεέσν Hes. wird gestützt
durch γοργόμενε γοργόμενα, ἢ ἐπεαιλόμενα und γεπεομένε
ἀνναλκόμενα ders. — Vgl. got. greipan? Grassmann K. Z. 12. 93.

14) γέγονα. Ipf. γέγονε = θ 305 ᾐδόμε γέγονέ τε;
davon γεγονίω, γεγονίσκω (Aesch.). Vom Part. γεγονός
stammt das adj. γεγονός γεγονὰ ἔχη Aesch. Sept. 443), vom
Praesens γεγονίω das Subst. γεγόνησες Plut. mor. p. 722 F.

15) δίδεγο E 228: ἀλλ᾽ ἄγε νῦν μέσσερα καὶ ἵππα
σεχελώντα δέξαι, ἐγὼ δ᾽ ἵππον ἐπιβήσομαι, ὄφρα μάχομαι,
ἢ σὺ τόνδε δίδεξο, μελήσουσιν δ᾽ ἐμοὶ ἵπποι. Dass wir es
hier mit einem praesentischen Perfect zu thun haben, zeigt
auch die Antwort des Pandaros V. 238: ἀλλὰ σέγ᾽ αὐτὸς
ἵκασι τὶ ἄγμασε καὶ πεὸ ἵππω τόνδε δ᾽ ἐγὼν ἐπιόντα
δεδέξομαι ὀξέι δουρί.

16) δέδορκα transitiv ε 436 πρὸ ὀφθεκμοῖσι δεδορκός,
intransitiv Pind. Ol. 1. 94 τὸ κάλος τηλόθεν δέδορκα. Das
Part. wie δεορκόμενος als Gegensatz zu τεφλός Soph. Aj. 85
ἐγὼ σκοτώσω βλέφαρα καὶ δεδορκότα und Oed. Tyr. 454
τεφλὸς ἐκ δεδορκότος καὶ πτωχὸς ἀντὶ πλουσίου.

17) δείδεγμαι hat, wie auch bisweilen die Praesensform
δείκνυμαι, stets die intensivere Bedeutung des Begrüssens
gegenüber der einfacheren des Hinweisens.

18) ἰσηχός wurde oben erwähnt.

19) κεκαφηός nur zweimal in derselben Formel: Σ 698,
ε 486 κεκαθὼς κεκαφηότε θυμόν. Aber κέκηφε τέθνηκε Hes.

20. κεκοπώς ὁ 335 ὅστε ὁ ἐμοὶ κόρη κεκοπὼς χεροὶ στιβαρῇσιν δέξατο· ἐκπέμψει φορέας αἵματι πολλῷ. Die jüngere Form κέκοφα hingegen zeigt gewöhnliche Perfect-bedeutung.

21) κεχληδότ... φορεῖν hat Hesychius, und dasselbe Verbum hat auch Pindar durch eine Conjectur G. Hermann's wiedererhalten fr. 57ᵇ Bergk: σοὶ μὲν κατέφραν, μᾶτερ μεγάλε, πέτραι ῥόμβοι κεχλάδον, ἐν δὲ κεχλάδειν κρόταλα, wo κεχλάδον überliefert ist. Dies kann unmöglich zur W. χλαδ strotzen gehören, wie Veitch und Kühner wollen; vielmehr müssen wir wahrscheinlich das interessante Wort zu scr. hrād sonare, zd. zrād rasseln. χλάζω und κεχλάζω (Ἐπι-κε-χλάδ-ας ὁ Ζεὺς ἐν Κῷ Hes. == Μεμφέτης, ἐφιλομάτης?) stellen.

22) κελετχμώτ... nur Hes. th. 826; ἠὲ ἑκετὸν κεφαλαὶ ὄφιος, δεινοῖο δράκοντος, γλώσσῃσι δνοφεροῇσι λελιχμότες. Das (nominale) μ ist aus λιχμάομαι entnommen; vgl. θέρμεσθαι zu θερ-μό-ς u. a. (Aehnlich scr. lē-lih züngeln).

23) μέμβλωκα ist ein Praesens Λ 11; τῷ δ' εὖτε φιλομμειδὴς Ἀφροδίτη εἶσι περιμμβλωκε καὶ αὐτοῦ χῆρας ἀμύνει.

24. πιπάλεσθαι ι 331; εὐτὸ τοῖς ἄλλοισι κλήρῳ πιπάλεσθαι ἔνεχον; Η 170 κλήρῳ νῦν πιπάλεσθε. Die frühere Lesart πιπάλαχθαι korrigirte Bekker nach Aristarch und Herodian; ein Praesens fehlt, vgl. aber πει-πάλλον.

25) πεπληγώς neben dem intensiven Aorist πέπληγον; Χ 497 χροὸς πεπληγὼς καὶ ὀνειδίουσιν ἐνίσσων; Ε 497 αἳ κατ' ἄορα ἐγρώς πεπληγεῖα μήχρις ἐξ ἀποδίεσθαι. Part. πεπλήγοντες Callim. Iov. 53.

26) πεπόνημαι πονέω Ο 477; ὁ μὲν πεπόνητο καθ' ἵππους.

27) πεπότημαι, zu ποτέομαι, Β 90; βοτρυδὸν δὲ πέτονται ἐπ' ἄνθεσιν εἰαρινοῖσιν αἱ μέν τ' ἔνθα ἅλις πεποτήαται, αἱ δέ τε ἔνθα.

28. πεφευγότ... nur in den Büchern Φ und Χ, in diesen

aber vier mal, ist aus einem Nominalstamm ($\gamma\acute{\epsilon}\zeta\alpha$) gebildet wie $\mu\epsilon\mu\epsilon\zeta\acute{o}\tau\iota$ und $\kappa\epsilon\kappa\epsilon\iota\chi\mu\acute{o}\tau\epsilon\varsigma$. Vgl. $\gamma\epsilon\zeta\acute{\alpha}\tau\omega$.

Bei den bisher aufgeführten Verben, welche sämmtlich eine Bewegung und Thätigkeit ausdrücken, ist die Entscheidung, ob wir es mit einem gewöhnlichen oder einem praesentischen Perfect zu thun haben, deshalb leichter, weil bei ihnen die Vollendung der Handlung, das zur Ruhe kommen derselben, meist identisch ist mit dem Aufhören einer Thätigkeit. Dixi bedeutet: ich habe gesprochen und mein Ausspruch liegt nun vor, aber auch zugleich: ich habe gesprochen und bin nun fertig. Anders bei den Verben, welche einen sinnlichen Zustand oder einen Affect bezeichnen. Hier liegt in dem Perfect nur selten etwas Negatives wie in dixi und fuimus Troes: es drückt vielmehr im Vergleich zum Praesens, zum fliessenden oder sich entwickelnden Zustand häufig nur ein Befestigtsein desselben aus, ein concretes Vorliegen. Man vergleiche: „ich schwelle“ und „bin geschwollen“, „erstarre“ und „bin erstarrt“, $\kappa\acute{\epsilon}\pi\tau\omega$ und $\kappa\epsilon\kappa\eta\varphi\acute{o}\varsigma$, $\pi\eta\acute{\gamma}\nu\nu\omega$ und $\pi\epsilon\pi\eta\gamma\acute{o}\varsigma$, $\varphi o\beta o\tilde{\nu}\mu\alpha\iota$ und $\pi\epsilon\varphi\acute{o}\beta\eta\mu\alpha\iota$ u. a. Bei den praesentischen Perfecten dieser Art hingegen ist der Unterschied auch kein grösserer als „dass vielfältig das Perfect einen Nachdruck der Gewissheit und Vollständigkeit vor dem gleichbedeutenden Praesens voraus hat“ (Buttmann Ausf. Gramm. II² 89). Es ist daher bei Aufstellung des folgenden Verzeichnisses die Entscheidung häufig schwerer gewesen als im Vorhergehenden, und der dabei gemachte Versuch, die nach des Verfassers Meinung sicher praesentischen Fälle von denen zu sondern, in welchen eine Entscheidung zweifelhaft ist, wird bei Verschiedenen umsomehr ein verschiedenes Bild gewinnen, als wir Alle dabei nothwendig mehr oder weniger unter dem Einfluss der Subjectivität und der deutschen Sprache stehn. Ich führe die Verba mit sinnlicher Bedeutung getrennt auf von denen des Affectes.

29) ἐλέλημμαι, zu ἐλάομαι, ist sicher ein Praesens: vgl. den Imperativ γ 315: μὴ δηθὰ δόμων ἄπο τῆλ᾽ ἐλάχθω, und ε 206: ἐπεὶ καὶ κεῖνον ὀΐω ... ἐλάχθαι, εἴ πού ἔτι ζώει.

30) βέβρωθε zeigt keinen Unterschied von βρῶθι. Η 384 ὡς δ᾽ ἐπὸ κείλατε πᾶσι καλεῖτὴ βέβρωθε χθὼν ἡμετ᾽ ὁπωρινή, ὅτι ἐβρώτατον χία ὕδωρ Ζεύς; die ἴφι heisst βεμσή Υ 55, βεβρίθει Φ 385; τεφοαὶ βρῶθον ι 219, τρέπεζα βεβρίθεια ο 333.

31) κεχλαδώς, üppig, schwerlich von der Bedeutung „geschwollen" ausgehend, vgl. scr. hlad laetari, nur Pind. Pyth. 4, 179 διδύμους εἶσιν κεχλάδοντες ἥβη, und Ol. 9, 1 καλλίνικος τριπλόος κεχλαδώς. An letzterer Stelle ist aber vielleicht nicht mit Tycho Mommsen zu übersetzen „das schwellende Heil dem Sieger", sondern „das schallende", vgl. Nr. 21.

32) κεχλαδότες ἐπθοῦντες διακεχλαδέναι θρύπτεσθαι Hes.; das letztere ist überliefert von Plutarch Alcib. 1 in einem Fragmente des Komikers Archippus: βαδίζει διακεχλαδώς, ποιμένων ἴκκον. Dazu κέχλαδεν διάκειτο, διακεχλαδώς διεῤῤύθον ἐπὸ τρυφῆς Hes. Vgl. χλίειν, χλιδή, χλιδή Curt. Grundz.[1] 640, κεχλιδ-ώς Poll.

33) μεμεδότος ῥέοντος giebt Hesychius; W. med feucht sein liegt vor in μέδος, μεδέω.

34) μεμυζότι μεδαλέω τε, von Eust. zu ρ 401 aus Antimachus angeführt, gewiss richtig von Lobeck zu Buttmann II.[2] 51 als Parallelismus erklärt wie κνώδαλα θορέντα καὶ ἔνθορε. Vgl. das vorhergehende, sowie μυρεξότι.

35) ὄδωδα, gleichbedeutend mit ὄζω, welches bei Homer noch fehlt, ist vielleicht direct aus demselben Intensivstamme wie ὀδωδή gebildet.

36) πέπληθε scheint durchaus identisch mit πλῆθω. Theocr. XXII. 37: ἴφοον δ᾽ εὕρον κρήνην ἐπὸ λισσάδι πέτρη ὕδατι πεπληθυῖαν ἀκηράτω; hingegen E 87 ποταμῷ πλήθοντι ἐοικώς. Η 389 ποταμοὶ πλήθουσι ῥέοντες.

37 σέσηρα, seit Hesiod (Sc. 268) auch in Prosa nicht selten in der Bedeutung grinsen, sicherlich zu trennen von σαίρω fegen. Eine Wurzel σαρ „klaffen" scheint vorzuliegen in σαρ-ωνίδες πέτραι, ἢ αἱ διὰ πελαιότητα κεχηνυῖα δρῦς[3]), διασφρώντων διάστασιν, κεχηλάσιν, οἱ δὲ διάχεαι, σαρκῶν σαρρός Hes., sowie in σαρκάζω, das die Lexica fälschlich mit σάρξ zusammenbringen (Ar. Pax 482 γλισχρότατα σαρκάζοντες ὕπτιοι κενίδα scheint ein Wortspiel).

Verba des Affects (vgl. lat. *odi, memini*):

38) ἀκέχηρα, ohne Praesens, zu ἀκαχίζω. Τ 334 ἤδη γάρ Πηλῆά γ' ὀίομαι ἢ κατὰ πάμπαν τεθνάμεν ἤ που τετθὸν ἔτι ζώοντ' ἀκάχησθαι. ἀκηχέδαται hat denselben Stamm wie ἀκηχεδόνες λύπαι Hes.

39) ἀλάληκτημαι nur κ 94: αὐτὰρ γὰρ Αενεὸν περιδέδαι, οὐδέ μοι ἦτορ ἔμπεδον, ἀλλ' ἀλάληκτημαι. Dazu ἀλεκτέω erst bei Hippocrates; von dem Homerischen ἀλέσσω bildete Q. Sm. 14. 24 περιτρομέοισι δὲ γυῖα καὶ κραδίη ἀλάλεκτο φόβῳ.

40) βέβουλα nur Λ 113: καὶ γάρ ὅα Κλεταιμνήστρης προβέβουλα κουριδίης ἀλόχου.

41) γέγηθα gleicht γηθέω. Θ 559: πάντα δέ τ' εἴδεται ἄστρα, γέγηθε δέ τι φρένα ποιμήν.

42) δέδια, δείδια, δείδοικα neben δείδω sind oben besprochen. Vgl. δεδιώς δειλία und δεδίξεσθαι δειλ φοβούμενον Hes., ferner δεδίσσομαι.

43) ἔολπα wie ἔλπομαι: Χ 216 νῶϊ δή τοι γ' ἔολπα οἰσεσθαι μέγα κῦδος.

44) ἔρρηγα (ῥήγω) vgl. Ρ 117 οὔ τοι ἐγώ ἔρρηγα μάχην.

***

[3]) Auch an Σαρωνίς ἡ Ἐλατὶν πρότερον könnte man, zumal bei der Nachbarschaft des Saronischen Busens, denken und „geklaftet" übersetzen, wenn nur κατάσσα ein passendes Epitheton wäre Ἐλατῖνος θεσσώνης (hymn. Cer. 97).

Part. ἐρρίγοντι Hes. sc. 226 zeugt besonders auch für die praesentische Natur der Form.

45) κέκηδα (κήδομαι) nur Tyrt. 12, 28 Bergk: τὸν δ' ὀλοφύρονται μὲν ὁμῶς νέοι ἠδὲ γέροντες, ἀργαλέῳ δὲ πόθῳ πᾶσα κέκηδε πόλις.

46) κεκοτηότι θυμῷ Φ 456, χ 477. (κοτέω).

47) κεχαρηότα νόῳ nur Η 312 Ἀγαμέμνονε δῖον.

48) κεχρημένος (χράομαι) bedürftig. Ρ 347 εἰδώς δ' οὐκ ἀγαθὴ κεχρημένῳ ἀνδρὶ παρεῖναι: κέχρητο gebrauchte, Η 398 (φρασὶν ἀγαθῇσιν).

49) λέληκα (dissimilirt für *λελήκαα, stets identisch mit λελάκομαι: Theocr. 25, 106 ἐπὶ λέληκα ἐκούαι: Μ 106 ἄρ' ᾧ ἴδεν Αενεὼν λελημένοι.

50) λελαμμένος (λάπτομαι) Aesch. Sept. 380: Τυδεὺς δὲ φροτῶν καὶ μάχης λελαμμένος βοῇ.

51) μέμαα, μέμονα, vgl. μαμάω, θρασὺν-μέ-μν-ον.

52) μέμηλε, μέμβλεται. Buttm. Ausf. Gramm. ΙΙ² 89 übersetzt μέλει es geht mir zu Herzen, und μέμηλε es liegt mir am Herzen. Aber μέλει hat durchaus nichts inchoatives, und der Unterschied kann kein andrer sein als der der Intensität.

53) μέμηνα (μαίνομαι), Aesch. Pr. 977 μεμηνότ' οὐ σμι-κρὰν νόσον. μεμανηός or. Sib. 9, 317.

54) ὀδώδυσμαι, Praesens zum Aor. ὀδύσσατο: Ε 423 οἶδε γὰρ ὥς μοι ὀδώδυστα κλυτὸς ἐννοσίγαιος. Scr. deish hassen zeigt wohl die Grundbedeutung.

55) ὀρωρέχαται (ὀρέγομαι) Η 834: Ἕκτορος οὐκέτι ἵπποι πρόσθεν ὀρωρέχαται πολεμίζειν.

56) πέφρικα (φρίσσω) Λ 383: οἵ τέ οι πεφρίκασι λόφθ' ὡς μηκάδε αἶγες. Part. πεφρίκοντα Pind. Pyth. 4, 183; vgl. ἐρρίγοντι.

57) τέθηπα, W. ταφ, θαπ, ζ 168: ὡς δ' αὖ, γένεα ἄγαμαί τε τέθηπά τε δείδω τ' αἰνῶς. Hesychius erklärt τέτηφεν ἐκπέπληκται, ἐκπλήττεται.

58) τετίηκα, τετιηότι ἐπ᾽ Ἀχαιῶν Ι 30, ohne Praesens.

59) τετιηότι θυμῷ δ 445, τετιάθι καὶ ἀπόσχεο Ε 382, W. ται, vgl. das intensive Τάρ-ταλ-ος.

Ein Zustand ist intensiv heisst ein Ding ist ganz in diesem Zustand, voll in ihn eingetreten — der Zustand ist an ihm vollendet. Dies ist sicher für derartige Verben die Brücke von der intensiven zu der perfectischen Bedeutung, und in diesem Sinne sind schliesslich alle die zuletzt angeführten gewissermassen Perfecta. Fraglich kann nur sein, wovon wir in gewissen Fällen auszugehen haben: ob die ursprüngliche intensive Bedeutung einem Worte entweder von Anfang an oder in Folge poetischer Analogie anhaftet, oder ob nicht vielmehr eine vielleicht keineswegs uralte Form die gewöhnliche Perfectbedeutung seit ihrem Entstehen hatte, welche nur in Folge der Bedeutung des Wortes überhaupt die vorliegende praesentische Färbung annahm. Die Beantwortung dieser Frage ist öfters nicht leicht und schien mir besonders in den folgenden Fällen unsicher.

1) ἔοικα. Ist die Zusammenstellung mit lat. vic-em richtig (Grundr.[1] 648), so könnte es vielleicht heissen: bin in Wechsel getreten und so: stehe in Wechsel, kann verglichen werden, gleiche. Andrerseits aber ist zu beachten, dass eine sonstige Praesensform nicht existirt.

2) κέχανδα (χανδάνω): Ψ 268 λέβητα κεῖαν τέσσαρα μέτρα κεχανδότα; vgl. Ψ 742: κρητὴρ ἓξ μέτρα χάνδανεν. Man kann χανδάνω mit „fassen", κέχανδα mit „halten" übersetzen, aber doch nicht streng mit „gefasst haben, enthalten", da die Schale zu den ἐγκατὰ ἔνθα gehört und nicht gefüllt ist. Hingegen würde letztere Erklärung δ 94: οἶκον κεχανδότα πολλὰ καὶ ἐσθλά passen und in ähnlichem Zusammenhange Ω 192.

3) κέχηνα neben dem inchoativen χάσκω. Λ 409: οἱ

ἐξ ἐκ δίφροιο κεχρηότα sieht es wie ein Perfect aus, aber
wie ein Praesens im Imperativ κεχρητι Ar. Ach. 135.

4) λέλαμπτει Ἴλιος ruft der Chor Eur. Troad. 1295,
entweder: hell lodert Ilios, oder: Ilios ist entflammt. Androm.
1026 οὐκέτι τῆς ἱταβόμμον λέλαμπτι.

5) οὐτ-οχωκότι (für ὀκ-ωχ-ότι) heissen die Schultern
des Thersites B 218. Die Form könnte sehr wohl zu dem
Intensivstamme gehören, welcher u. a. vorliegt in οὐτοκωχή
ράωσι, λοιδορίε, μάχη (Zusammenstoss, in welchem Sinne
Polyb. 1, 57, 7 σύμπτωσις braucht), und οὐτοκωχή ἡ σύμ-
πτωσι Hes. (letzteres s. v. οὐτοκωχότι).

6) πεφλοιδέναι φλεκτιανοῖσθαι Hes. Wenn dies heisst:
Blasen bekommen, oder wie Curtius Grundz.[1] 302 übersetzt:
Blasen werfen (vgl. πεφλιέζω), so gehört es sicherlich hierher; aber wahrscheinlicher ist: Blasen haben, an Blasen leiden
(also wörtlich: aufgegangen sein).

7) τέθηλε (Hes. op. 227 τοῖσι τέθηλε πόλις, καὶ δ᾽ ἐν-
θεῶσιν ἐντῇ; ζ 293 τεθειλτειάκωμι) blühe sehr? oder: stehe
in Blüthe?

8) τέτρηχα scheint Praesens, und τετρήχει Imperfect (B 95:
τετρήχει δ᾽ ἀγορή, ὑπὸ δι στεναχίζετο γαῖε; es könnte sich
aber doch zu τερέσσω, θράσσω zunächst nur verhalten wie
πέπηγε zu πήγνυμι.

9) πέπονθα steht vielleicht gleichfalls nur in demselben
Verhältnisse zu πεῖθος. Noch andere, wie δέδηα, δέδρομα
(εἴρε-, ἐμμε-, ἐπε-), ἔαδεν, οἶδα, πέπτηκα und πέπρηγα
glaube ich besser ganz bei Seite zu lassen.

Es bleibt mir nur noch übrig daran zu erinnern, dass wir
keineswegs zu der Annahme berechtigt sind, als seien alle
diese intensiven Perfecta Ueberlieferungen aus alter Zeit; vielmehr haben gewiss viele, wie schon erwähnt, ihre besondre
Bedeutung nur der Analogie zu verdanken, zumal sie fast
ausschliesslich Eigenthum der Dichtersprache sind. Für das

Alter derselben ist aber immerhin von Bedeutung, dass sich von aspirirten Perfectformen nur κεκοπώς und ὀρωρέχαται sowie βεβρυχώς (Nr. 10) des Quintus Smyrnaeus darunter findet, und von Bildungen auf κα nur τέτληκα neben τετληώς τέτλαθι, und μέμβλωκα, welch letzteres auch nur an der angeführten Stelle Praesensbedeutung zeigt. Alle übrigen gehören der ältesten Bildungsweise der Perfecta an.

DIE VOCALISATION

UND ASPIRATION DES GRIECHISCHEN

STARKEN PERFECTUMS.

VON

HEINRICH UHLE.

DRESDEN.

Die vergleichende Sprachforschung, welche die verwandten Erscheinungen in der Formbildung der verschiedenen Sprachen zusammenfassend erklärt, hat auch über die Bildung des griechischen Perfectums einiges Licht verbreitet. Sie hat die Annahme eines in der Aspiration bestehenden Bildungselements für das active Perfect als Ersatz für das als wesentlich angesehene κ zu Nichte gemacht, und hat dem geringgeschätzten „Perfectum secundum" den Platz angewiesen, der ihm als dem erstgeborenen gebührt. Betreffs der Vocalsteigerung hat sie aufmerksam gemacht auf die vielfachen Uebereinstimmungen zwischen den verschiedenen Sprachen im Verhältniss des Perfectvocals zum Wurzelvocal.

Sehen wir uns aber einmal die griechische starke Perfectbildung im Zusammenhange mit der übrigen Tempusbildung und Nominalbildung derselben Verba, welche dieses Perfect haben, näher an, die Gesammtmasse der griechischen Formen überblickend, wobei wir ebenfalls die ähnlichen Erscheinungen der verwandten Sprachen berücksichtigen, so treten auch Gesichtspunkte hervor, nach welchen den Auffassungen der älteren Grammatiker in mehr als einer Hinsicht eine wissenschaftliche Berechtigung zuzusprechen ist.

Es ist richtig, die vergleichende Sprachforschung zeigt, dass wie im Griechischen auch im Sanskrit, Altbaktrischen und Gothischen der Perfectstamm wenigstens im Singular des Activs eine Steigerung des Wurzelvocals erfährt. (Altbaktrisch z. B. aváurû-raodh-a ich habe vermindert, von ava-rud).

Aber diese Steigerung ist auch in den genannten Schwestersprachen sowie im Griechischen nicht auf das Perfect beschränkt,
sie tritt auch vielfach im Präsens und in den mit dem Hilfs-
verbum sein. W. as, zusammengesetzten Bildungen, dem Futurum
und schwachen Aorist. auf. z. B. sanskr. W. budh Präs. bodh-á-
mi ich weiss. Aor. a-bhäut-sa-m. altbaktr. W. ni führen. Präs.
3. Sing. nay-é-ti (= sanskr. nayáti). Aor. naé-sha-ṭ (= sanskr.
a-nái-shi-t). griech. W. φεγ Präs. φεύγ-ω-μι. Aor. ἔ-φευγον:
sie findet sich ausserdem in der Nominalbildung, und zwar
ebenso wie bei der Bildung von Tempusstämmen theils allein,
theils in Verbindung mit Suffixen. z. B. sanskr. né-tra-m Auge,
von ni, altbaktr. baodho (Stamm -a) Geruch, von W. bud.
griech. φεῦγμα von W. φεγ.

Wenn wir also die gesteigerten Tempusformen eines Verbums nebst den gesteigerten Nominalbildungen derselben Wurzel zusammenstellen. z. B. griech. W. λιπ: λείπω, λείψω, ἔλειψα,
λέλοιπα: λείψις, λοιπός: sanskr. von W. dvish (hassen): dvésh-
mi, dvék-shjá-mi, di-dvésh-a: dvésh-tá (Stamm -tar), dvésh-as:
altbaktr. von W. bud (riechen): Präs. Med. baodh-ai-té, Subst.
baodh-ô (Stamm -a): goth. von W. stig: steiga, staig: staig(a)s:
so sind diese Reihen von Formen der gesteigerten Wurzel
nicht anders anzusehen als die parallelen Formenreihen von
andern ungesteigerten Wurzeln. z. B. griech. von W. γραφ:
γράφω, γράψω, ἔγραψα, γέγραφα: γραφμα, γραφεύς: sanskr.
von W. varg (= ἐργ, ἐργμένα): varg-á-mi, vark-shjá-mi,
va-varga (neben va-várga); varg-ja-s, varg-ana-m ; altbaktr. von
W. tash (zimmern): 3. Sing. Impf. tash-a-ṭ, Aor. ta-tash-a-ṭ,
Perf. ta-tash-a. Part. Perf. Pass. tas-tó (Stamm -ta), tash-á
(Stamm -an, Zimmerer), tash-ô (Stamm -a, Axt), tas-ti-s (Zubereitung : goth. von W. dragk: drigk-a, dragk: dragk(a).

Man darf daher die Vocalsteigerung (zwischen erster und
zweiter Steigerung braucht hier zunächst nicht unterschieden
zu werden) bei allen Stammbildungen, sowohl nominalen als

verbalen, als etwas Accessorisches betrachten. Aber jede
Wurzel für sich betrachtet, kann man sagen, die Steigerung
haftet an der Wurzel, wenigstens die Fähigkeit oder Un-
fähigkeit dazu ist ihr gleichsam angeboren, sie gehört zu ihrem
Wesen ebenso gut wie die sie constituirenden Laute. Ob
Steigerung eintreten darf oder nicht, kommt vielfach auf die
Lautgestaltung der Wurzel an. Manche Wurzeln nun haben
sich die Steigerung fester angeeignet, andre bilden noch mehrere
verbale und besonders nominale Stämme ohne sie; aber nicht
leicht wird ein gesteigerter Stamm ganz allein dastehen. Es
ist dasselbe Verhältniss wie mit der Dehnung auslautender
Vocale von Verbalstämmen in der verbalen und nominalen
Stammbildung: bei den meisten ist die Dehnung durchgehend,
bei andern bleibt überall die Kürze, manche haben theils
kurze, theils gedehnte Formen, noch andere sind in denselben
Formen schwankend.

Beim starken Perfectum nun finden wir im Griechischen
die Steigerung der Vocale *ι* und *υ* nur da, wo auch das
Präsens und andere Tempora den gesteigerten Stamm
zeigen, während im Sanskrit Formen mit erster und zweiter
Steigerung neben ungesteigerten Präsensformen vorkommen,
z. B. Perf. tu-tód-a zum Präsens tud-á-mi, Aor. 3. Sing.
a-táut-si-t. Dem gegenüber wäre ein griechisches Perfect
τίτευχε zu τέττυχ oder ähnliches ebenso unmöglich wie
ein Aorist ἔτευχα. Dieselbe Beschränkung der Steigerungs-
fähigkeit lässt sich, mit einigen durch besondre Verhältnisse
motivirten Ausnahmen, auch aussprechen über die auf Stumm-
laute endigenden Wurzeln mit Vocal *α*, wie wir unten sehen
werden. Im Präsens tritt bei diesen Wurzeln noch häufiger als
bei denen mit *ι* und *υ* statt der vocalischen Lautverstärkung die
consonantische ein, die Nasalirung, wie in λαμβάνειν, zu vergleichen mit γιγνώσκειν u. ä.; auch nachstehender Nasal leistet
dasselbe, nämlich die Herstellung der Positionslänge, in δάκνειν.

So bleiben für eine dem Perfect eigenthümliche Steigerung, abgesehen von der unanfechtbaren des ι zu ο, die auch in der Nominalbildung ihre zahlreichen Analogien hat, nur die auf Semivocale endigenden Wurzeln mit α übrig: dieselben, welche im schwachen Aorist durch Dehnung, im Präsens durch Aufnahme des Präsenszeichens ι die Kürze des Stammvocals vermeiden.

Die Steigerung des ι zu ο erstreckt sich übrigens nicht blos auf die Verba mit wurzelhaftem ι, sondern ergreift auch bei den Wurzeln mit υ, seltner bei denen mit ε, welchen die Steigerung anhaftet, den Zulaut ι, so dass an Stelle eines wurzelhaften ι (υ) ein οι (οι) erscheint, und zwar wiederum ebenso in der nominalen wie in der verbalen Stammbildung.

Eine Steigerung des ο kommt nicht vor.

Fasst man diese Verhältnisse zusammen, so kann man sagen, die älteren Grammatiker hatten gar nicht Unrecht, wenn sie als Eigenheit das Perfectum secundum bei den Verbis mutis nur den Umlaut von ι zu ο lehrten, die übrigen Vocale nach ihrer Art vom Präsens auszugehen für unveränderlich erklärten, und bei den Verbis liquidis die Dehnung von ε zu η hinzufügten. (Dass sie mit ihrer Lehre von der regelmässigen Aspiration der Mutastämme von ihrem Standpunkte aus auch nicht ganz Unrecht hatten, wird sich unten zeigen.) Wenn nun das starke Perfect gewöhnlich keine andern Vocale hat als das Präsens und — abgesehen von den starken Aoristen — die übrigen Tempora, so kann man wohl annehmen, dass das Sprachgefühl der Griechen selbst die übrigen Steigungen ausser der von ι zu ο nicht als Perfecteigenthümlichkeit empfunden hat, und dies giebt der specifisch griechischen Grammatik ein gewisses Recht, sie gleichfalls nicht als solche zu behandeln.

Ich will nun, gestützt auf eine wie ich hoffe ziemlich vollständige Sammlung der bei den griechischen Schriftstellern [1])

---

[1]) Die Lexica und die Inschriften sind allerdings nicht systematisch ausgebeutet worden.

vorkommenden starken Perfecta eine umfassende Darstellung
der Vocalisation sowie der Aspiration dieser Formen zu geben
suchen, wobei ich Formen vocalisch endigender Stämme wie
ἕστηκα, ἐρρύηκα u. ä. unberücksichtigt lasse. Der geneigte
Leser möge entschuldigen, dass diese Darstellung in der doci-
renden Art einer Grammatik gegeben wird; sie schien mir die
einfachste.

A. Vocale des starken Perfectums.

I. Die kurzen Vocale ausser ι bleiben bei denjenigen
Stämmen, welche in der Tempusbildung keine Vocalsteigerung
annehmen, unverändert. ἄ jedoch nur vor Doppelconsonanz
und vor Aspiraten.

(Unter Vocalsteigerung verstehe ich beim ε- und ο- laut nur den
diphthongischen Zulaut, nicht die monophthongische Dehnung.)

1) ο: 1 κέκοφα 2 δέδοχα (ἐδέδοχεσαν DioCass. 44. 26 Bekk.)
3 ἔῤῥογα (ἐῤῥέῤῥωγαρ Zenodots Lesart P 54, von *ῥωχετρ,
cf. ἐῤῥώξεια μ 240).

2) ῑ und ῡ: 4 μέμῡκα 5 τέθλῑφα (Polyb.) 6 τέτρῑφα 7 κέχλῑδα
(διεχχλιδώς Archipp. com. bei Plut. Alcib. 1; das δ ist nach
Curtius Grundz.⁴ S. 640 aus dem ι entwickelt); 8 κέκρῡφα
(Hippocr., Dion. Hal.) 9 κεκύλῑφα (Origen.) 10 ὀρώρυχα.
(τέθῡφι von τέφαρ beruht nur auf einer früheren Conjectur
Meinekes in Com. fr. 4 S. 566, s. unten bei τέθαφι; τέτυφα
von τέττῡρ ist blos von Grammatikern gebildet.)

3) ᾱ vor Doppelconsonanz: 11 μέμαρφα 12 κέκαρφα 13 λέ-
λαμπα 14 κέκλαγγα;

vorAspiraten: 15 γέγραφα 16 βέβαφα 17 τετάραχα (Dio Cass.)
18 δἰδάχα 19 ἴαχα (ἀμφιαχυῖα B 316) 20 λέλαχα (= εἴληχα;
λελαχότες τετευχότες Hesych.) 21 τέταφα 22 μέμαφα 23 ἤλλαχα
24 παφλάχα; 25 βέβλαφα 26 λέλαχα 27 τέτραφα (τρέπειν,

ältere W. τρατ). (Für das von Casaub. conjicirte τίθηςι, als transit. zu τίθημι, bei Crobyl. Com. fr. 4, S. 566 ist jetzt aus τίθαγι evident richtig τίθλιγι hergestellt.

Anm. 1. Spät findet sich ᾱ vor unaspirirten Muten in 30 πίφ γαγα oder πίφρααα und ατφέλααα, worüber unten.

Anm. 2. Einen unregelmässigen Umlaut in ο erfährt ᾱ in 20b ἔλογγα 28 πέλαναα (dor.) 29 ἀγέγαγα inser. Ther. — ἀγήγοχα (decr. Sigeens.), woraus das spätere 29b ἀγήοχα für ᾱχα.

II. ᾱ vor einfacher Schlusseonsonanz ausser vor Aspiraten wird zu η (ᾱ) 31 πίφηνα 32 κέκηνα 33 μέμηνα 34 σέσηρα 35 μέμηραα (? von μαρμαίρω, Orph. 746 Herm.) 36 τέθηλα 37 πίτηλα (? Nonn.) 38 δίδηαα 39 κίκληγα 40 τίθηγα 41 Ῑεδα (ᾱ ̄εδα; ᾱ statt η ist eine erhaltene Alterthümlichkeit.)

Anm. 1. Diese Steigerung von Stammen, die sonst ungesteigert bleiben, ist fast nur auf semivocalischen Auslaut beschränkt. Bemerkenswerth ist, dass τίθημα in dem von Hesych. angeführten θημε — θαίμα eine gesteigerte Bildung zur Seite hat, welche wiederum neben einer nasalirten θαρμος, steht; ebenso hat Ῑεδα neben sich die gedehnten Bildungen ἤδος, ἡδέα, ἤδεσθα. In κίκληγα — κίκλαγγα ersetzt die Dehnung die sonst bei diesem Stamme herrschende Nasalirung. Zu τίθηλα könnte man auch θηλειν als Präsens annehmen und die Form demgemäss zu IV stellen, w. s. Wegen der kurzvocalischen Feminina von Particip ien, wie τεθαλεῖα, vergl Anm. 3 zu IV.

Anm. 2. Dehnung bei Aspirata zeigt 42 κέκηγι (ἐγκέκηγι Hesych), cf. κεκαγγώς.

III. ᾱ wird in ο verwandelt:

43 γέγονα 44 μέμονα 45 ἕκτονα 46 κέκονα (zu καίνω = κτένω; Stamm κεν aus κτεν anzunehmen) 47 δέδορκα 48 ἐγγέθορα 49 γέγομφα 50 ἔμμορα 51 τέτορα (Hesych.; zu τείρω) 52 Ῑολα (Ῑόλα Pind.; zu πελ, Ῑλειν) 53 Ῑετολα (Cram. Anecd.) 54 δέδορκα 55 ἔοργα 56 ἔστοργα (Herod.) 57 πέτορθα 58 πέφορθα (ἐπεφόρθει H. Merc. 105) 59 Ῑολπα 60 τέτοπα 61 Ῑήτοχα 62 τέτλοχα (Hippocr. 1, 518) 63 Ῑλοχα 64 κέκλοφα 65 πέπομφα 27b τέτροφα (τρέπειν) 66 τέτροφα (τρέφειν)

67 ἔστροφα 68 τέτροφα (Aristoph.) 69 κέκοφα (Aristoph.; κέξων)
70 τέτροθα 71 ἐρήροθα und ἐρήροθα (hier ist wol die Wahl
des Vocals ο durch die Analogie der zahlreichen Perfectformen mit ο bestimmt, wie in dem schwachen Perfect ἐδήδοκα.)
Ausnahmen. a) ε bleibt unverändert in 72 βέβλεφα
Antip. bei Stob.) 62ᵇ πέπλεχα (Hippocr. 1, 519; ausserdem
scheint es nicht vorzukommen) 63ᵇ λέλεχα (habe gesagt, Galen.,
63ᶜ ἐξείλεχα habe ausgewählt Aristid.) = 63ᵈ λέλεχα (Hesych.)
64 κεκλόφα (für κεκλοφώς, inscr. Andan.) Das von Buttmann ohne Autorität angeführte λέλεφα ist nicht zu belegen.
Etwas andrer Art sind 73 ὀρώρεχα (ὀρωρεχότες ὀρέχοντες
Suid.) und 74 πέπορφα (Aristot.)

b) ε wird zu η in 75 μέμηκα

c) ε wird zu ω in 76 εἴωθα (ω vielleicht für εο).

IV. Diejenigen Stämme, welche in der Tempusbildung
Vocalsteigerung annehmen, haben im Perfect gleichfalls den
gesteigerten Vocal. Der Zulaut ι in dem aus ε gesteigerten ει
wird bei III in ο verwandelt, also ει in οι.

1) ἆ wird η: 77 πέπηγα 78 πέπληγα 79 ἔρρωγα (tab. Heracl.)
80 τέτηκα 81 λέληκα dor. λέλακα (λάκειν dor. λάκειν att.
λάσκων) 82 μέμηκα (μηκᾶσθαι, μεκών) 83 ἔστηκα 20 τέτηχα
84 δέδηχα 85 σέσηπα 86 εἴληχα 87 ἔσχηκα (Diog. Laert.)
88 κέκηδα.

Unregelmässig ist die Dehnung von ᾱ in ω in 79ᵇ ἔρρωγα,
welche in Bildungen wie ῥωγάλεος ihre Analogie hat.

2) ῑ wird οι: 89 λέλοιπα 90 πέποιθα 91 οἶδα 92 ἔοικα

3) ε wird ει: 93 πέφευγα 94 τέτευχα 95 ἔζευγα 96 κέκευθα

Der Zulaut ι in ει wird wie bei α in ο verwandelt, ει
also in οι, in dem homerischen 97 εἰλήλουθα (vgl. ἐλεύσομαι)

Anm. 1. Bei attischer Reduplication behalten auch die sonst
in der Tempusbildung steigernden Stämme in der Regel den kurzen
Vocal: 98 ἀλήλιφα 99 ἐρήρικα (Hom.) 97ᵇ ἐλήλυθα.

Anm. 2. Die erste Steigerung von ε haben gewisse Formen von

οἶδα und ἴσασι: εἰδῶ, εἴξασι; dieselbe liegt auch vor in dem Imperativ εἴσασθι (Aesch. Eum. 599), in 98ᵇ ἐξ-ελιχϑεῖσα (Aristid. 33. 125 Vulg.) und in dem dunkeln 100 λελιχμότες (Hes. Theog. 826) zu λείχω. Die Kürze bleibt in Formen wie ὄμμεν, ἴκτωρ, ἐπέλαϑμεν, worin das Griechische mit dem Sanskrit und dem Gothischen übereinstimmt. Auf einem Uebergang in die Nominalbildung beruht die Form 91ᵇ λελφεζότες (und ebenso λελιχμότες), vgl. Curt. Gr.⁴ 185.

Anm. 3. Die Feminina der Participia von manchen hierher gehörigen Perfecten ebenso wie von einigen unter II aufgeführten erhalten in der epischen Sprache die Kürze: ἰδυῖα, εἰκυῖα, τετιηυῖα (Joseph.), λελακυῖα, μεμακυῖα; σεσηρυῖα, τεϑαλυῖα, δεδαυῖα (Nonn.); so auch 71ᵇ λελαϑυῖα zum Stamme λαϑ, ohne dass deswegen ein *λελαϑϑα anzunehmen ist.

V. Bei vocalisch anlautenden Stämmen zeigt sich die durch Augment oder attische Reduplication hervorgebrachte Vocaldehnung:

20ᵛ ἧχε 101 ἦρχα 102 ἀνέῳγα; 103 ἄραρα ion. ἄρηρα 104 ἴδῃδα; ἐδήδειι P 542. 105 ὄλωλα 106 ὄρωρα; 107 ὄδωδα 108 ὄλωλα; 109 ὄχωχα; ἀνωχωκότι B 218) 110 οἴχωχα (mit Verlust des ο).

VI. Ursprünglich lange Stammvocale bleiben unverändert.

1) harte Vocale: 111 τέτροφα 112 κέκραγα 113 ἴηχα 114 τέτρηχα (ion., Praes. ϑρᾴσσω, cf. ταράσσω) 115 κέκλασα (Pind.) 116 γέγηϑα 117 τέτληϑα (Pher. in Com. fr. 2. 265) 118 γέγωνα 119 ἄνωγα 120 δεδίωχα.

Anm. Das α von κράζω wird ausdrücklich als lang überliefert, es zeigt sich in der Betonung von κρᾶξον, womit Hesych. das paphische κάρραξον erklärt, in κρᾶκτα (Voc. von κρᾶκτης Ar. Equ. 304) u. s. w., und wird etymologisch bestätigt durch die Zusammenstellung mit κρωγμός. Im starken Aorist ist eine Verkürzung eingetreten, die späte Dichter gelegentlich auch auf das Perfect erstrecken ἀνεκράγη Nicet. Eug. 6. 29. Dieselbe Verkürzung erfährt der Stamm ἀγ bei Homer gewöhnlich im Passivaorist, bei Attikern behält ἐάγην die Länge, die sich auch in Nominalbildungen wie ἀγή, ἀαγής zeigt. Die Worte der verwandten Sprachen, welche von W. bhaṅg̃ — ϝαγ herkommen, behalten den Nasal (Curtius Grundz.⁴ 530 f., die Kürze findet sich nur im Griechischen. Betreffs der

Vocalverkürzung im Aorist kann man auch das ebenso wie κράζω onomatopoietische κράζω vergleichen, dessen Perf. κέκραγα sogleich zu erwähnen sein wird, mit Aorist κράγε oder ἔκραξ Il 470, ferner ἄϊον, welches ausser in ἐφράφην ἴ) durchaus die Länge zeigt, ἀράξω mit Aor. ἔκραξα Anth. 9, 252, und εἰχον ἔκραξα(ς). — τέτραχα wird gewöhnlich zu ταράσσω gestellt, weil θράσσω bei Homer nicht vorkommt; man kann es aber auch ohne Beziehung auf θράσσω als eine alleinstehende Bildung von dem in τραχύς ion. τρηχύς liegenden Stamme bezeichnen, welcher langen Vocal hat.

2) weiche Vocale: 121 πέφρικα 122 κέκραγα (Ar. Av. 1521) 123 τέτριγα 124 ἔρριγα 125 ἔρρωγα 126 ἔφθορα 127 μέμυκα (μεκᾶσθαι) 128 βέβρυχα (βρυχᾶσθαι) 129 βέβρυχα (βρύχειν: βεβρυχώς Qu. Sm. 3, 146) 130 πέφευγα (von φεύγω, Anth. 7, 115) 131 κεκήραγα 132 κέκραγα. Vielleicht gehört hierher auch das hesychische 133 μεμυδότες φύοντες und 134 μεμυζότι (nach Buttm. faulende, Autim. bei Eust.)

3) Diphthonge: 135 δέδαγα 136 κέκλαυδα (δέδακατο Hesych., cf. κλαυδῶσαι θρέττοντα ders.) 137 διετέγλαυδα (διετέγγετα Hesych., Stamm γλου γλοιδ Curtius Grundz.⁴ 302) 138 πέπαγα (Plut. Demosth. 9) 139 βέβορια 140 δέδορκα 141 ἐκήκοα(?)α für *ἐκήκοα.

B. Aspiration.

Von den Stämmen auf κ γ π β aspiriren ihre Endconsonanten diejenigen eine Kürze bildenden oder auf eine Kürze endigenden, welche in der Tempusbildung keine Vocalsteigerung annehmen.

1 πλάκ (62) 2 δοκ (2) 3 φρικ (24) 4 ἐπ[γ]κ (61) 5 τροπ (? 75) 6 ἐγ (29) 7 ταγ (21) 8 μυγ (22) 9 λαγ (63) 10 μυγ (4) 11 ἀλλαγ (23) 12 ὀρυγ (74) 13 λακ (26) 14 βλαπ (75) 15 κλαπ (64) 16 τροπ (27) 17 κοπ (1) 18 βλαβ (25) 19 θλαβ (5) 20 τριβ (6) 21 καλυβ (9).

(Die in der Tempusbildung Steigerung annehmenden und die ursprünglich langen nicht aspirirenden Stämme sind: 1 ταγ

(80) 2 λακ (81) 3 μακ (82) 4 λκ (92) 5 ταγ (77) 6 ταλαγ (78) 7 φαγ
(79) 8 φιγ (93) 9 φατ (85) 10 λλτ (89) 11 φρτ (99); 12 φριτ (121)
13 μικ (127) 14 τριγ (111) 15 χριγ (112) 16 αγ (113) 17 αταγ
(119) 18 χριγ (122) 19 τριγ (123) 20 φιγ (124) 21 μαγτ (11)
22 λαμτ (13) 23 κλαγγ (14) 24 δαρκ (54) 25 ριγ (55) 26 σταργ
(56) 27 φριρζ (58) 28 λλτ (59).

A n m. 1. Der homerische Dialect kennt im activen Perfect keine
Aspiration: 1b κικραα. Messenisch ist κεκλοφει (61b) für κεκλοφει.
In später Zeit finden sich einige unaspirirte Formen statt der zu er-
wartenden oder sonst üblichen aspirirten: ατριψφφαγεια (30) Schol.
Hes. Sc. 298. ιατιγμακεαιρ (30b) Jos. ant. 12. 8, 5; ατφυλακεια (24b)
Argum. Eur. Med. und als v. l. αιφγακι schon Xen. Cyr. 8. 6, 5;
λιυγη (63d) Hesych.

A n m. 2. Ausnahmen. Von den eine Kürze bildenden Stammen
aspirirt nicht 1 τεκ (66). Trotz der Dehnung in der Tempusbildung
aspiriren 2 ατακ (83) 3 δακ (84) 4 ζαγ (95) 5 δακα (87) 6 λαζ (86). Auch
einige lange Stamme aspiriren: 7 ατμα (65) 8 δατκ (135) 9 ταιγ (138)
10 δτοκ (120) 11 χριγυκ (131).

A n m. 3. Als aspirirte Formen neben unaspirirten kommen vor
111b λλαγιαγα 119b ατιογα 77b λλαγγα Dio Cass. 40, 40. 79b ιαριγγα
(V. T. 2. Reg. 14, 50).

Wie aus dem Vorstehenden erhellt, erleidet die gegebene
Aspirationsregel 11 Ausnahmen, darunter mehrere erst der
spätern Sprache angehörige, welchen 49 regelmässige Fälle
gegenüberstehen; sie gilt also wenigstens für mehr als vier
Fünftel aller Fälle.

Ist das nun Zufall, dass Aspiration und Dehnung sich so
als gleichwerthig und gegenseitig sich ausschliessend gegenüber stehen? dass die Doppelconsonanz oder Naturlänge wie
vor Steigerung so auch vor Aspiration schützt? Wurde etwa
die Aspirata noch als eine Art Doppellaut empfunden? Es
möchte nicht uninteressant sein diesen Fragen weiter nachzu-
gehen, doch begnügen wir uns hier mit der Feststellung des
Thatbestandes beim starken Perfectum.

ZUR LEHRE VOM PARTICIP.

Von

JULIUS JOLLY.

WÜRZBURG.

Wenn es üblich wäre, den Ausdruck „Particip" seiner Grundbedeutung gemäss zu gebrauchen, so müssten darunter alle jene
Nominalformen verstanden werden, die, ohne ihrer Herkunft
nach sich von den übrigen Nomina zu unterscheiden, doch
ihrem Gebrauche nach sich so enge an das Verbalsystem anschliessen, dass sie als integrirende Bestandtheile desselben
gefühlt werden. Curtius (Verbum I S. 2) bedauert es, dass
thatsächlich das Wort μετοχή (participium) blos auf einen
Theil jener Formen beschränkt blieb. In der That wäre
durch eine Ausdehnung dieser Bezeichnung auch auf die Ver-
baladjective und den Infinitiv ein grosser Theil der Missver-
ständnisse abgeschnitten worden, die namentlich eine richtige
Einsicht in das Wesen der letzteren Kategorie noch bis in die
neueste Zeit herein nicht aufkommen liessen.[1]) Ueber das
Wesen des Particips im engeren Sinne haben immer klarere
Vorstellungen geherrscht, aus dem einfachen Grunde, weil
diese Nominalbildung, weit entfernt davon, wie der Infinitiv
durch ein Vergessen ihrer Etymologie erst ins Leben gerufen
zu werden, vielmehr nur da sich lebendig zeigt, wo ihre Herkunft als nomen agentis eines gebräuchlichen Verbalstammes
deutlich empfunden wird, wo sie als echte „Mittelform" fort-
während den Uebergang zwischen den beiden Hauptseiten der
Rede, Nomen und Verbum, vermittelt. Und so thaten die
Schöpfer dieses grammatischen Terminus doch keineswegs Un-

[1]) S. meine Gesch. des Inf. 12—77.

recht daran, wenn sie ihn auf die erwähnte Unterart der Verbalnomina einschränkten. Dass sie damit das Wesen des griechischen Particips, von dem sie ausgingen, richtig bestimmt haben, soll der Schlusstheil des nachstehenden Aufsatzes zeigen, vorher aber, vorbehaltlich einer einlässlicheren Untersuchung, ein Blick auf seine Anfänge und seine Gestaltung in den verwandten Sprachen darthun, inwiefern es auch auf seinen früheren Entwicklungsstufen schon durchweg das Mittleramt zwischen Nomen und Verbum versieht.

Zur Herausbildung der Infinitivkategorie lagen vor der Trennung der indogermanischen Sprachen erst Ansätze vor, selbst im Sanskrit und Zend ist von einer Unterscheidung der Tempora und Genera an den mehr massenhaften als klar unterschiedenen Infinitivbildungen dieser beiden Sprachen noch keine Rede. Im schärfsten Gegensatz hiezu reicht die Geschichte des Particips schon in eine der frühesten Perioden der Organisationszeit unserer Ursprache zurück, ja die Entstehung der ältesten Participia, die nur einen Abschnitt in der Entwicklungsgeschichte der Nomina überhaupt bildet, hat noch einen höchst bedeutenden Einfluss auf die Ausbildung eines wichtigen Theils des indogermanischen Verbalsystems, der Präsensthemen, geäussert. Nicht nur der früher sogenannte Bindevocal der A-Conjugation wird jetzt wohl allgemein auf den Stammvocal der A-Declination zurückgeführt, sondern auch der Satz, dass die durch einen Nasal charakterisirten Präsensstämme identisch seien mit den durch die Suffixe *an* und *na* gebildeten Nominalstämmen, ist, zuerst von Benfey als Vermuthung ausgesprochen, von Schleicher und Curtius ihren Darstellungen der Lehre vom Präsensstamme zu Grunde gelegt, kürzlich durch G. Meyer's gründliche Untersuchung über allen Zweifel erhoben worden. Besonders der Vergleich von prṇa, dhṇna etc. mit pṛṇami, dhunami, überhaupt die von G. Meyer in weitem Umfang nachgewiesene That-

sache, dass die Part. auf *na* mit nasalirten Präsensstämmen
beliebiger Formation zusammenfallen.[1]) zeigt aufs Klarste, wie
enge beide Bildungsweisen, die nominale und die verbale,
zusammenhängen. Ob beide zu gleicher Zeit entstanden seien,
wie Meyer, oder ob sich zuerst die Verbalnomina auf *na* und
na gebildet haben, wie Curtius[2]) annimmt, darf hier unentschieden bleiben; fest steht die für die Chronologie der Participialformen wichtige Thatsache, dass schon in dieser frühen
Zeit Verbalnomina auf *a*, *ana* und *na* oder *na* — beide Suffixe
sind ursprünglich identisch, s. Meyer a. a. O. — von jedem
Verbalstamm gebildet werden konnten; denn nur so erklärt
es sich, dass von allen Nominalsuffixen gerade diese in die
Conjugation eindrangen. Doch nicht sie allein, sondern wenigstens noch *ein* anderes Suffix, von dem die in den europäischen
Sprachen ziemlich häufige Präsensstammbildung auf *ta* wie
τέττω, lat. plecto, ahd. flihtu (Schleicher's VII. Classe) herkommt: das Suffix *ta*. Die Identificierung z. B. des *ta* in
τετάς (adj. verb.) und τέττω ist zwar bisher, soviel ich sehe,
nur als hingeworfene Behauptung aufgetreten[3]), wird aber,
wenn man jene anderen Bildungen auf die oben angegebene
Weise erklärt, durch einen zwingenden Analogieschluss ge-
fordert, obschon die Präsensstämme auf *ta* bisher nur im
Europäischen nachgewiesen sind[4]) und auch hier lange nicht

---

[1]) G. Meyer, Die mit nasalen gebildeten praesensstamme des
griechischen (Jena 1873) S. 21 f.

[2]) Chronologie d. idg. Sprf.[2] S. 30 ff.

[3]) Bei Schleicher Comp. 436, 766; noch zurückhaltender äussert
sich hierüber Curtius Grundz.[4] 69.

[4]) Fick Spracheinheit S. 393 führt diesen Umstand unter den
Beweisen für die Annahme einer europäischen Periode auf; ist aber das
τ von τέττω etc., das nicht mit Ahrens u. A. auf j zurückgeführt
werden kann (Curtius Grundz.[4] 663—665), mit dem erweiternden t
z. B. in ἀν-τ-μήρ - · skt. ă-t-am identisch (ibid. 65), so eröffnen sich hier
überall Zusammenhänge der europäischen mit den asiatischen Sprachen.

so oft als die nasalirten mit entsprechenden Participialstämmen zusammenfallen.

So fungiren schon von Anfang diese Participia, deren hohes Alter sich auch an ihrer getreuen Bewahrung in den meisten Einzelsprachen erweist (nur die auf *a* sind ausser im Nempers. durchweg zu Subst. und Adj. geworden, als solche aber bekanntlich besonders beliebt) als echte Mittelformen und wirken auf das Gebiet der Verbalflexion gerade so ein, wie späterhin, als aus eben solchen Participien auf *ta* die im Latein häufige Classe der frequentativa (*dictare* aus *dictus*) und noch später, als auf analytischem Wege in den romanischen Sprachen die mit Participien zusammengesetzten Verbalformen (*j'ai dit, j'avais dit, j'eus dit, je suis dit* u. s. w.) entstanden. Dass die Participien auf *a, na, ana* und *ta* ohne weiteres als Verbalstämme verwendet werden, darf um so weniger befremden, als sie wie alle damals existirenden Nominalbildungen noch keineswegs in die beiden Hauptclassen der nom. ag. und nom. act. — geschweige denn in active und passive Participia — zerfielen, sondern noch ebensowohl das eine als das andere sein konnten. Wie nun die nom. ag. und act., von denen sich auf dieser Stufe die Participien nur durch die grössere Häufigkeit des Vorkommens unterscheiden, formell in keiner der Einzelsprachen gesondert werden, so ist ein noch wichtigerer und von den älteren Grammatikern völlig unverstandener Ueberrest aus derselben Periode das Wechseln zwischen activer und passiver, gelegentlich auch infinitiver Bedeutung bei den erweiterten Participialbildungen. Nicht nur die ihrer Herkunft nach früh verdunkelten Abstractnomina idg. **srap-na* Schlaf, **ra-ta, *ragh-ana-m* Wagen, erhielten sich neben den Participien auf *na, ta* und *ana* dauernd im Gebrauch, auch bei deutlichen Participialbildungen wie z. B. *po-tus* im Latein hat sich die Sprache die Freiheit gewahrt, statt der im Allgemeinen herrschend gewordenen Passivfunction dieser Participien, ihnen ab und zu die des Activs zu ertheilen. Mehr hievon nachher; zunächst will ich es versuchen, die bedeutend fortgeschrittene Entwicklungsstufe zu schildern, auf der unmittelbar vor der Sprachentrennung das Particip angelangt gewesen sein muss.[1])

Auf dem Gebiete der Verbalformen hatten sich inzwischen die zusammengesetzten Tempusstämme und damit wohl zuerst eine sorgfältigere Unterscheidung der Tempora, Genera und Modi des Verbums, am Nomen hatten sich die Casus entwickelt[2]). Schon die Scheidung zwischen activen und passiven Suffixen, die sich bereits in der Ursprache grösstentheils vollzogen hat, wird hiemit im Zusammenhang stehen, von noch grösserer Tragweite war die Bildung zahlreicher Participien aus den Tempusstämmen der Verba, da diese neuen Formationen naturgemäss mehr als Anhängsel des Verbalsystems wie als Nomina erscheinen mussten, entscheidend aber war, dass ein Theil der Nomina von nun an regelmässig den Genitiv zu sich nahm, während die Participien, sowie jene Abstractnomina, aus denen nachmals die Infinitive entstanden sind, fortfuhren den verbalen Casus, den Accusativ zu regieren[3]). Noch zur Zeit der Trennung der Sprachen muss es eine sehr beträchtliche Anzahl solcher Participialbildungen, die freilich nicht alle in gleich häufigem Gebrauche waren, gegeben haben: ausser jenen ältesten Formationen auf *ta, na, ana,* denen ich aus dem angeführten Grunde auch die auf *a*

---

[1]) Betreffs des Suffixes *ta* bemerkt auch Schleicher Comp. 435 ausdrücklich, dass es sich erst in einer späteren Periode der indogermanischen Ursprache als regelmässiger Ausdruck des part. pass. festgesetzt habe.

[2]) Curtius Chron. 43 ff.

[3]) Näheres über diesen Ausscheidungsprocess der Verbalnomina von den übrigen s. in meiner Gesch. d. Inf. 89 ff. und 251 ff., zustimmende Bemerkungen hiezu von Curtius in dessen Chron. 43 Anm.

beigezählt habe, werden auch Participia auf *ant, vant, mana, ra (la)* von Schleicher mit überzeugenden Gründen der Ursprache vindicirt, und auch solche auf *tar* und *ma* wird man ihr nicht absprechen dürfen, in Anbetracht, dass die nom. ag. auf *tar* in allen idg. Sprachen mehr oder minder häufig begegnen und im Sanskrit sowie in den mit Suff. *a* weitergebildeten Part. fut. act. des Latein auf *turo* noch verbale Rection haben, und dass Suff. *ma*, das auch nach Schleicher's Ansicht mit der ersten Hälfte der Participialendung *mana* identisch ist, im Sanskrit in zwei Fällen[1], im Slav. und Lit. aber durchgehends ein passives Particip bildet. Auch in formeller Beziehung also hatte sich das Particip nun schon reich entfaltet, und mit den Suffixen *ant* und *mana* wenigstens konnten fast von jedem Tempusstamm Participien abgeleitet werden; dagegen blieb die Ausprägung der Bedeutungen, wenn sich dieselben auch schon viel bestimmter als beim Infinitiv geschieden hatten, doch hinter dieser Formenfülle weit zurück. Selbst die beiden der Form nach ganz mit dem Verbalsystem verschmolzenen Suffixen *ant* und *mana* können noch nicht so bestimmte Bedeutungen ausgedrückt haben, wie die entsprechenden Verbalformen. Das zeigt vor Allem ihr Gebrauch als nom. act., der sich bei *mana* in homerischen Infinitiven wie δόμεναι neben dem Particip δόμενος, bei *ant* in dem Gerundium des Litauischen erhalten hat, das etymologisch „das absolut stehende Particip mit verlorener Casusendung ist" (Schleicher Lit. Gr. S. 320)[2]. Und wenn in

---

[1] Benfey, Vollst. Sanskritgr. § 897, 1.

[2] Dagegen stehen die lateinischen Gerundialstämme auf -*endo*, -*ando* nicht in Zusammenhang mit den Participien, wie man früher annahm; aber ihre wahre Herkunft s. Curtius Grundz.[4] 649, über ihren Zusammenhang mit den deutschen Infinitiven meine G. d. I.'s 157. 198 und Schweizer-Sidler in seiner Recension derselben Jahn's Jahrb. 1874, S. 6.

diesen Formationen, deren Herkunft allerdings nicht mehr
gefühlt wird, das Particip sogar in die Sphäre des Infinitivs
hinübergreift, so können noch weniger die Tempora und Genera
schon in der Ursprache deutlich geschieden gewesen sein —
eine Wahrnehmung, die besonders für das Verständniss der
homerischen Participia auf μενο wichtig ist. Der alte Streit
z. B. über die transitive oder intransitive Beziehung von
οιχόμενος in dem Ausdruck οιχομένη μῆτις A, 2 erledigt
sich einfach dahin, dass in diesem aus einer frühen Sprachperiode stammenden Particip[1]) die Unterscheidung zwischen
Activ- und Passivbedeutung sich noch nicht wie in ὄλλυμι
gegenüber ὄλλυμαι vollzogen hatte. Die gleiche Erklärung
beseitigt die analogen, aber umgekehrten Schwierigkeiten,
welche der unverkennbar passive Gebrauch mancher gotischen
part. act. auf -nd, das alte Suffix ant, den Germanisten be-
reitet hat[2]).

So steht bei Ulfilas 1 Cor. 15, 29 dem griech. part. pass.
βαπτιζόμενοι das got. part. act. daupjandans, ibid. 58 dem
griech. intransit. προσχέοντες ufarfulljandans, das part. act.
des got. Transitivums ufarfulljan gegenüber. Massmann setzte
in seiner Ausgabe (Stuttg. 1857) für daupjandans daupidai,
für ufarfulljandans ufarfullnandans. Mit Recht protestirt
Gering in der unten angeführten Abhandlung gegen dieses
wider alle handschriftliche Autorität verstossende, gewaltsame
Verfahren; wenn er aber selbst unter den beiden Erklärungen,
durch die sich die überlieferte Lesart vertheidigen lasse;
passiver oder reflexiver Gebrauch der betr. Participien, der
letzteren den Vorzug gibt, indem er meint, dass dem Ueber-
setzer ein pronomen reflexivum vorgeschwebt habe, aber

---

[1]) Ueber seinen Ursprung s. Curtius Stud. V. 218.
[2]) S. Gering Ueber den syntact. Gebrauch der Participien im
Got. Ztschr. f. d. Ph. V. 298 (1874).

von ihm weggelassen worden sei — so hat er wieder in
anderer Weise, aber ebenso unnöthig als Massmann Schwierigkeiten gehäuft. Viel einfacher spinnt sich die Sache ab, wenn
man annimmt, dass im Gotischen, dessen Particip schon in
formeller Beziehung so dürftig ausgestattet ist, dasselbe auch
in syntactischer Hinsicht noch hie und da zwischen activer,
passiver und Reflexivbedeutung hin und herschwankt. Hat
doch für eben dieses Schwanken Grimm an der von G. citirten
Stelle Gramm. IV. 64 ff. aus den übrigen germanischen Dialekten zahlreiche Belege beigebracht, und dass beim Infinitiv
analoge Erscheinungen vorkommen, die ich in meiner Gesch.
d. Inf.'s 54—62 und 163—167 eingehend besprochen habe,
ist eine nicht minder gewichtige, übrigens auch schon von
Gering angezogene Parallele.

Werden hienach diese Bildungen vom Verbalstamme in
der Ursprache noch sammt und sonders mehr-, ja vieldeutig
gewesen sein, so gilt ein Gleiches a fortiori von den übrigen,
direkt von der Wurzel abgeleiteten Participien, die ja zudem
grossentheils, namentlich wenn sie auf *a, ta, na* oder *ana* ausgingen, Erbstücke aus einer noch primitiveren Sprachperiode
waren. Durch Anwendung dieses Gesichtspunktes werden mit
einem Schlage alle künstlichen und geschraubten Erklärungen
beseitigt, die man über die lateinischen part. praet. pass.
mit activer Praesensbedeutung wie *ceritus, fisus, garisus,
ausus* etc. und *ratus, solitus* — mit letzteren beiden hat es
jedoch, da sie das fehlende part. praes. vertreten, eine besondere Bewandtniss — und über die deutschen part. pass. von
intransitiven Verben wie z. B. got. *qumans, usgaggans, drug-
kans* (trunken) von *qiman, usgaggan, drigkan* vorgebracht
hat.[1]

[1] Gering a. a. O. 294 Anm. 1 bescheidet sich mit Recht dahin,
die Frage, ob die germanischen Participien etwa ursprünglich nur

Auch die zendischen und altpersischen Participialpräterita,
deren Existenz noch Hovelacque in seiner Grammaire zende
in Zweifel zieht, werden aus dem activen Gebrauch des Particips auf *ta* ohne weiteres verständlich und haben um so
weniger Auffallendes, als das nahe verwandte Sanskrit z. B.
in *marjarah ... sthitō* „ein Kater gestanden" d. i. ein Kater
stand, wohnte Lassen Anth. 38. 10 u. ähnl. oft begegnenden
Sätzen seine Participien auf *ta* und *na* genau in der nem-
lichen Weise verwendet.[1] Auch das neupersische Particip
auf *ta* und *da*, das in der Flexion des neupersischen Verbums
eine so grosse Rolle spielt, weist auf einen eben solchen activen
Gebrauch dieser Participialbildung auf älteren Sprachstufen
zurück, wie schon von Fr. Müller bemerkt ist,[2] und wenn
man demselben Gelehrten in der etymologischen Deutung des
avghanischen Particips auf *tla* (d. i. *tula*) folgen darf, so
wäre in dieser ihrem Gebrauch nach dem neupers. Particip
ungefähr gleichstehenden Bildung das alte Particip auf *ta*
sogar doppelt enthalten.[3] Doch bietet sich eine weit näher

den Begriff des Verbums in adjectivischer Form ausdrückten, ohne an
ein bestimmtes genus und tempus verbi gebunden zu sein, der vergleichenden Sprachwissenschaft zur Lösung zu überlassen; nur hätte
er nicht als ein Argument gegen jene Ansicht die angeblich univer-
selle Anwendung des Suffixes *na* zur Bildung passivischer Ausdrucke
anführen sollen, da doch selbst im Latein dem von ihm beigebrach-
ten *do-num* „das Gegebene „*som-nus*" „der Schlaf" gegenübersteht,
das zugleich indogermanisch ist.

[1] Dass dies auch vom vedischen Sanskrit, ja von diesem in er-
höhtem Masse gilt, bezeugt Delbrück's Bemerkung (D. altind. Verb.
S. 257), dass die vedischen Part. auf *ta* entweder passivische oder
activische Bedeutung haben, ja die Berechtigung sie Participia zu
nennen sogar bestritten werden kann.

[2] Die Conjugation d. neupers. Verbum in den Sitzungsber. d.
Wien. Ak. Ph.-hist. Cl. 44. 221 (1863.)

[3] Fr. Müller Ueb. d. Sprache d. Avghanen in d. Sitzungsber. d.
Wien. Ak. 42. 20 ff. (1863).

liegende Erklärung für das zweite Element dieser avghanischen
Participien dar, wenn man dasselbe nemlich an die altindoger-
manischen (s. o.) Bildungen auf *ra, la* anschliesst, die auch in
einer andern asiatischen Sprache, und zwar in dem benachbarten Armenisch, regelmässig als Participia fungiren. Sowohl das armenische Particip auf *eal*, das mit dem Infinitiv
dieser Sprache auf *el, al, ul, il* ebenso correspondirt, wie die
griechischen Participien auf *μενο* mit den Infinitiven auf *μέναι*,
als das avghanische und neupersische vereinigen Activ- und
Passivbedeutung. Wegen der mannigfachen Gebrauchsweisen
des Suffixes *ana, ana* endlich, bei dem es kaum möglich ist
zwischen dem participialen und dem nominalen Gebrauch
zu unterscheiden, kann ich auf Meyer's einlässliche Bemerkungen a. a. O. 56—96 verweisen, dem ich auch darin bei-
stimme, dass diese im Sanskrit und Zend allerdings im Austausch mit *mana* gebrauchte Participialendung doch nicht mit
letzterem identisch ist, wie Schleicher annahm. Einen von
Meyer nicht bemerkten Beleg zu dem alten activen Gebrauch
von *ana* liefert das Neupers. mit seinem Particip auf *ân*, das
durchweg im Austausch mit dem eigentlichen part. act. auf
andah (= *ant* + *a* + *ka*) steht.[1])

Auch der oben behandelte intransitive Gebrauch des
gotischen part. praeter. pass. findet vielleicht erst hier seine
richtige Stelle; denn wenn im Sanskrit *ana* und *mana* nicht
zusammengehören, so ist auch Schleicher's (Comp. 430) Zusammenstellung von got. *ana* mit got. *na* und ksl. *enŭ* mit ksl.
nŭ um kein Haar wahrscheinlicher, und es ist viel einfacher,
für alle drei Sprachen ein Participialsuffix *ana* unbestimm-
ter, wenn schon vorwiegend passiver Geltung anzunehmen.

Mit dem Auseinandergehen der idg. Völker und Sprachen
beginnt eine fortschreitende Verminderung des alten Bestan-

[1]) Fr. Müller D. Conj. d. neup. Verb.'s a. a O. S. 251.

des an Participialformen, den Sanskrit und Zend noch fast
unverändert bewahrt, das Griechische schon erheblich reducirt,
die übrigen Sprachen aber fast durchweg, die alten Participial-
suffixe entweder ganz aufgebend oder in gewöhnliche Nomi-
nalendungen verwandelnd, auf ein part. praes. act. und ein
part. praet. pass. herabgebracht haben; nur das alterthümliche
Litauisch liefert mit seinen vielen theils aus der Urzeit über-
kommenen, theils aus zusammengesetzten Tempusstämmen
neugebildeten Participien ein Seitenstück mindestens zum
Griechischen. Hier berührt sich meine Untersuchung mit der
Frage nach der inneren Gliederung der idg. Sprachen; doch
geht aus dem eben Gesagten schon hervor, ein wie geringer
Werth der Gestaltung des Particips in den Einzelsprachen
für die Entwerfung des Stammbaums derselben beizulegen
ist. Nemlich im Allgemeinen verdient für die fraglichen Thatsachen die von dem höheren oder geringeren Alter der verschiedenen Sprachen hergenommene Erklärung [1] entschieden
den Vorzug vor der genealogischen; denn nicht nur die alle
erst von späteren Zeiten an überlieferten Sprachen unseres
Erdtheils (die keltischen Participien freilich sind mir nicht
recht klar), sondern auch in Asien die späteren Entwicklungsstufen des Arischen sind die an Participialformen ärmeren.
Das Litauische macht hier allerdings eine Ausnahme: sie steht
aber im Einklang mit dem, was sonst über den zähen Conser-
vativismus dieser Sprache bekannt ist, ist also auf den Satz
von der verschiedenen Entwicklungsgeschwindigkeit der Sprachen zurückzuführen. [2] Selbst für das Zwillingsverhältniss
des Zend zum vedischen Sanskrit, das in der Bildung der
Infinitive so deutlich zu Tage tritt, liefert die Betrachtung

[1] Naher habe ich dieselbe in der Zeitschr. f. Völkerpsych. VIII.
16 ff. „Ueber den Stammbaum d. idg. Sprachen" erörtert.

[2] Cf „Die Sprachwissenschaft", Whitney's Vorl., bearbeitet und
erweitert von Jolly, S. 200 ff.

der Participien keine neue Bestätigung, obschon dieselben genau übereinstimmen, und die einzige Formation, um die das Zend im verb. fin. ärmer ist, als das Sanskrit, das Futurum, sich im Participium noch erhalten hat; aber all diese Uebereinstimmungen sind offenbar indogermanisches Sprachgut und werfen daher auf das Verwandtschaftsverhältniss zwischen Zend und Sanskrit kein neues Licht. Also handelt es sich nur noch um die vorerwähnten, merkwürdigen Participbildungen jüngerer asiatischer Sprachen, und hier ist allerdings das Abweichen des armenischen Particips sowohl von dem der alten iranischen Dialekte als von dem neupersischen ein sehr bedeutsames Indiz gegen die herrschende Annahme, dass das Armenische dem iranischen Sprachenkreise angehöre, und ähnlich steht es mit dem Particip der avghanischen Sprache, die ja auch ihr neuester und gründlichster Erforscher als eine davon unabhängige Sprache ansieht. (Trumpp in seiner avgh. Grammatik.)

Wie in der formellen, so lässt sich auch in der *syntaktischen Entwicklung* des Particips in den jüngeren Einzelsprachen grosse Gleichförmigkeit wahrnehmen; es wird je länger je mehr zur Ergänzung des Verbalsystems verwandt, indem sowohl auf europäischem als auf asiatischem Sprachboden anstatt der mehr und mehr abkommenden alten Tempora und Genera des Verbums Neubildungen vermittelst des Particips eingeführt werden.

Mit Recht stellt insofern Fr. Müller a. a. O. den Bau des neupersischen Verbums dem der romanischen Sprachen an die Seite, derselbe Zug der Entwicklung tritt aber auch in der Geschichte des deutschen Verbums entgegen, das auf der ältesten Sprachstufe, im Gotischen, sich noch lange nicht so eingenommen für die schleppenden Umschreibungen mit dem Particip zeigt wie späterhin. Am weitesten sind in dieser Richtung die süddeutschen Dialekte gelangt, die das einfache

Praeteritum gar nicht mehr kennen, sondern statt seiner regelmässig die Umschreibung mit *haben* anwenden – ganz dem Neupersischen analog, das unter den asiatischen Sprachen der analytischen Tendenz ganz besonders gehuldigt hat. Nur der sogenannte Aorist des Neupers.. *parsidam* ich fragte (ebenso im Parsi), ist eine synthetische, aber gleichfalls mit dem verb. subst. zusammengesetzte Form: er steht etwa mit den Denominativa auf *ta* der europäischen Sprachen auf gleicher Stufe, für die lat. *gustare* von *gusta*, dem europäischen part. pass. der idg. Wurzel *gus*,[1] das typische Beispiel ist.

Ist nun oben die Aufgabe des Particips richtig dahin bestimmt worden, dass es eine bequeme Verbindungsbrücke darstelle, auf der die Sprache jeder Zeit vom Verbum zum Nomen und umgekehrt hinübergelangen könne, so kann die Entwicklung, welche das Particip in den eben genannten Sprachen genommen hat, nur aus einer unnatürlichen Steigerung dieses Triebes hergeleitet werden, die von den nachtheiligsten Folgen begleitet war. Der Zweck, mittelst des Particips Supplemente für die abgekommenen Formen des verbum finitum zu schaffen, wurde erreicht, dafür ging aber der lebendige Austausch zwischen Particip und verbum finitum, der sich in der Ursprache entwickelt hatte, wieder verloren. Wie schleppend in Folge des Zunehmens der blos umschreibenden und des damit zusammenhängenden Abnehmens der appositiven Participia im Deutschen unser Styl geworden ist, fühlt jeder, der nur einmal aus dem Griech. ins Deutsche übertragen hat. Aber auch in einer Sprache, die an dieser syntaktischen Umgestaltung der Participien nur erst einen sehr geringen Antheil nimmt, im Latein, welches bekanntlich nur einige Tempora seines Passivs durch Umschreibungen mit dem Particip bildet, ist mit jener Verminderung seines Formenbestandes auch syntaktisch das Particip von

[1] Fick, Spracheinheit 320. 593.

seiner früheren Höhe herabgesunken. Man braucht daher
nur das lateinische und deutsche Particip mit dem griechischen
zu vergleichen, um zu gewahren, wie nahe sich trotz des erwähnten Unterschiedes die beiden ersteren stehen. Ja bringt
man das absolut stehende Particip des Latein wie billig in
Abzug, da es eigentlich in die Casuslehre gehört, so lassen
sich alle übrigen Gebrauchsweisen des lateinischen Particips
unmittelbar an deutsche anknüpfen — ein Umstand, der auf-
fallender und unpraktischer Weise in unseren lateinischen
Schulgrammatiken ganz ausser Acht gelassen ist. So gilt
gleich die Hauptregel, welche eines der neuesten und besten
Bücher dieser Literaturgattung[1]) über den Gebrauch des
Part.'s im Latein gibt: „dass part. praes. und perf. nicht
wie die entsprechenden Tempora des verb. fin. eine selb-
ständige Bezeichnung der Zeitsphäre enthalten, sondern nur
als allgemeine Ausdrücke der actio infecta und perfecta angesehen werden müssen“, ganz ebenso vom deutschen Particip.
In den betreffenden Beispielen „*sedens scribebam* ich schrieb
sitzend d. i. ich sass und schrieb“, „*invitatus venio* ich komme,
indem ich eingeladen bin“ ist dies allerdings nicht so leicht
wahrzunehmen; Müller-Lattmann hätten aber nur andere Beispiele zu wählen brauchen, etwa *stans scribebam* und *non
invitatus venio*, wofür es ganz gut deutsch ist zu sagen „ich
schrieb stehend“ und „ich komme ungeladen“, so wäre die
Analogie des deutschen Particips mit dem lateinischen sofort
sichtbar und dadurch auch die Regel viel leichter fasslich geworden. Müller-Lattmann's Participienlehre liesse sich also
einfach durch beigefügte Hinweise auf deutsche Participial-
constructionen verbessern, bei Vaniček[2]) müsste dagegen ausser-

---

[1]) Lattmann und Müller: Lateinische Schulgrammatik 5. Aufl.
Gottingen 1872. §§ 110 ff.

[2]) Elementargrammatik der latein. Sprache. Leipzig 1873. §§ 529 ff.
vgl. meine Besprechung derselben in K. Z. 22. 343 ff.

dem auch die ganze Anordnung und Auffassung in dem bez. Kapitel abgeändert werden, da sich dieselbe aufs Engste an Curtius' Darstellung des griech. Part.'s in seiner Schulgrammatik anschliesst. Das ist der alte Fehler der Schulgrammatiker. Latein und Griechisch mit Gewalt in dieselbe Schablone hineinzuzwängen. Wie viel richtiger weist Curtius' Gramm. vielmehr auf die radicale Verschiedenheit beider Sprachen auf diesem Gebiete hin. Es ist unnöthig, die dort hervorgehobenen Differenzpunkte weiter auszuführen, und ich gehe nach dieser pädagogischen Abschweifung sofort zu einer Vergleichung der noch übrigen Sprachen über; sollten auch diese, nemlich Sanskrit und Zend nebst Altpersisch und Litanisch, in der Ausbildung ihrer Participien sich dem Griechischen inferior erweisen, so wird meine zweite These, dass das griechische Particip die Spitze in der Entwicklung dieser Kategorie im Indogermanischen darstelle, vollkommen erwiesen sein.

Zunächst setze ich die Formen zur Vergleichung her. In den gewöhnlichen Grammatiken gestaltet sich das Paradigma der Participialstämme dieser Sprachen, von denen ich das zendische wegen zu grosser Aehnlichkeit mit dem sanskritischen, das altpers. wegen mangelnder Belege nicht aufführe, folgendermaassen:

	Sanskrit.	Litauisch.	Griechisch.	
	Zu *karomi*	zu *lipù*	zu *λέω*	
part. praes. act.	*kurrant*	*lipant* / *lipdama*	λέοντ	Activum
part. fut. act.	*karišyant*	*lipsent*	λέσοντ	
part. aor. act.	*krant*	*lip-us, od. -es*	*ant* λέσαντ	
part. imperf. act.	...	*lip-dacus*		
part. perf. act.	*kukrvant*		λελεκότ	
		von *suka :*		
part. praes. pass.	*kriyamana kriyant*	*sukama*	λέημενο	Passivum
part. fut. pass.	*kartar*	*suksima*	λεθησόμενο	
part. perf. pass.	...	—	λελεμένο	
part. praet. pass.	*krta*	*suktà*	λυθέντ	

Sanskrit.	Litauisch.	Griechisch.	
part. praes. med. *krurana*		wie im Passivum	Medium.
part. fut. med. *karisyamana*		*κρανήμενα*	
part. perf. med. *kakrana*		wie im Pass.	
part. praet. med. *kraya*		*κράμενα*	

Aus dieser Tabelle ergibt sich, dass wenn es blos auf die Zahl der entwickelten Formen ankäme, das Sanskritparticip mit seinen mindestens 11 unbestreitbar den Vorrang nicht blos vor dem litauischen mit seinen 8, sondern auch vor dem griechischen mit seinen 10 Bildungsweisen behaupten würde. Noch bestimmter tritt die überwältigende Formenfülle des Sanskritparticips hervor, wenn man ihm auch noch die sogenannten part. necess., die aber diesen Namen nicht verdienen, sowie die Stämme auf *tva, enya, ayya*[1]) und einige andere beizählt. Von solchen Grundsätzen ausgehend hat Grassmann in seinem Wörterbuch allein aus der Vedensprache zu *kar* 13 Participialformen beigebracht, die sich durch Hinzufügung der erst im classischen Sanskrit vorkommenden *kartavya, karaniya* und *krtavant* auf 16 erhöhen; ein Reichthum an solchen Bildungen, wie er sonst nirgends im Bereiche der idg. Sprachen überhaupt aufgetreten, geschweige denn an einem einzelnen Verbum zur Erscheinung gebracht worden ist.

Allein man gelangt zu ganz entgegengesetzten Resultaten, wenn man auf den Gebrauch dieser Formen blickt. Sind doch schon ihrer Eigenschaft nach von alle den angeführten „Participia" des Sanskrit nur die auf *ant, vant, mana, ana* gebildeten von Tempusstämmen abgeleitet,[2]) während die griechischen sammt und sonders, die litauischen mit Ausnahme derer auf *ta* auf Tempusstämme zurückgeben, sich also aufs engste an den Bau des Verbums anschliessen. Kein Wunder, dass die Sprache bei vielen dieser Bildungen zwischen

---

[1]) Vgl. Delbrück Das altind. Verbum S. 258.
[2]) Ebenda S. 230.

nominaler und verbaler Construction derselben noch unentschieden schwankt, wesshalb Delbrück a. a. O. ihnen den
Namen des Particips nicht mit Unrecht[1]) geradezu abspricht.
Eine genaue syntaktische Vergleichung wird ergeben, dass
auch die Sanskritparticipien im engeren Sinne sowie die
litauischen sich lange nicht so organisch mit dem verbum
finitum verbunden haben wie die griechischen.

Die Gebrauchsweisen des Particips in unseren drei Sprachen
scheinen sich in drei Hauptstufen allmälig entwickelt zu haben:
dem nominalen Grundwesen des Particips entspricht sein
attributiver Gebrauch, vermöge dessen es wie die Adjectiva
dem dazu gehörigen Substantiv eine Eigenschaft beilegt und
so nicht selten zum reinen Adjectiv oder Substantiv wird
eine Umwandlung, die bekanntlich auch den übrigen verwandten Sprachen nicht fremd ist und im Latein durch eine
Abänderung der Rection (*amo patriam*, aber *amans patriae*),
im Gotischen sogar durch eine Abänderung der Flexion des
Particips auch äusserlich ihren Ausdruck findet.

Offenbar späteren Datums als dieser einfachste Gebrauch
des Particips, auf den auch im Griech. manche Substant. wie
z. B. οἱ προσήκοντες „die Verwandten" zurückgehen, ist seine
Verwendung in loseren Zusätzen zum Substantiv; denn diese
appositiven Participien stehen bereits mit hypotaktischen Constructionen auf gleicher Stufe, die ja durchweg einer späteren
Periode des Sprachlebens angehören, und schliessen sich als
Vertreter des verbum finitum in gleichbedeutenden Neben-
sätzen aufs genauste an das Verbalsystem an. Auch an dieser
Entwicklung nehmen alle verwandten Sprachen wenigstens in
solchen Fällen Theil, wo ihr minder reich entwickeltes oder

---

[1]) In den verwandten Sprachen werden Nominalbildungen, die ein
gleiches Schwanken der Construction aufweisen, meist, doch nicht
immer als Nomina classificirt, vergl. meine Gesch. des Inf.'s 90 ff.

vielmehr verarmtes Particip dem verbum finitum der entsprechenden Nebensätze nach kann, was bekanntlich im Deutschen nur selten zutrifft, daher auch participiale Constructionen bei uns so wenig üblich sind. Sehr viel beliebter sind
dieselben, auch wenn man von den absoluten Participien des
Litauischen und Sanskrit, die so wenig wie die des Latein
hieher gehören, absieht, in den beiden ersteren Sprachen und
lassen sich hier wie im Griechischen sowohl in temporalem
als in causalem, in hypothetischem sowohl als in concessivem
Sinne nachweisen. So liesse sich das Schleicher'sche Beispiel
(Lit. Gramm. 333) *tai sakydams szalin éjo* „als er das gesagt, ging er weg“, ganz wörtlich durch den griechischen Satz
wiedergeben: τοῦτο εἰπὼν ἀπῄει. Die Causalsätze werden
derselben Autorität zufolge (a. a. O. 334) sogar meist durch
Participien und Gerundien — letztere, wie oben erwähnt,
nur eine Nebenform des Particips — ersetzt: wie sich denn
hieraus auch offenbar die ibid. 318 aufgeführten Lituanismen
erklären wie *dėkui*, *pakláuse* wörtlich „Dank, (nach meinem
Befinden) gefragt Habende“ d. i. ich danke euch, weil oder
dass ihr nach meinem Befinden gefragt habt. Concessiv ist das
ebenda besprochene Particip *nenóres* z. B. in *ko nenóres darýsiu*,
„warum sollte ich es ohne Grund (wörtlich: mich nicht davon ge-
nährt habend) thun?“, hypothetisch z. B. die S. 317 erwähnte
Participialconstruction *jis nepakneze neprorarójes* „nicht pro-
cessiert habend hält er es nicht aus.“ Ebenso im Sanskrit und
Zend. Temporal ist das sehr oft im Zendavesta begegnende
aiti aojanō, auch zusammengeschrieben *aityaojanō*, z. B.
neben einem im Praeteritum stehenden Hauptverbum, wo
also im Latein der Nebensatz *cum diceret* entsprechen würde,
Yt. 5, 76. Dieses die Gleichzeitigkeit ausdrückende Particip
ist auch im Sanskrit häufig, während dagegen die Vorver-
gangenheit lieber durch eines der Absolutiva, bisweilen durch
das doppelt componirte Particip auf *tavant* und ebenso auch

das Causalitätsverhältniss ausgedrückt wird. Mit „wenn", genauer mit „so oft als" ist es wiederzugeben Meghad. 13 ed. Gildemeister: khinnaḥ khinnaḥ çikhariśu padam nyasya „so oft du müde wirst, den Fuss auf die Gipfel niedersetzend", gleichfalls hypothetisch Vend. ed. Spiegel 19, 133 yasto khšnuto çraošo ašyo „wenn er gepriesen wird, ist der heilige Çraosha zufrieden." Concessive Sanskritparticipien s. im Folgenden.

Allein wie weit bleiben Litauisch und Sanskrit zurück, insofern es sich darum handelt, jene feinen Nebenbeziehungen auszudrücken, die in einem ἅμα und πρόσθεν, einem καίπερ und ἔτι, einem ὡς und ὥσπερ und besonders in ἄν, zum griechischen Particip gesetzt, stecken. Aus dem Sanskrit lässt sich nur das concessive api zum Vergleich heranziehen z. B. in dem Satze yasya tasya prabhuto'pi „selbst vom ersten besten erzeugt" Hit. Pr. 22: mit ausgelassenem part. verb. subst. z. B. balo'pi cipro... pitā bhacati „selbst wenn er ein Knabe ist, ist der Priester Vater ... (Manu 2, 150.) Im Litauischen entspricht diesem api = καίπερ kaczéig, das jedoch keineswegs jedes beliebige Particip, sondern nur das des verbum subst. bei sich haben kann, welches dann in der Regel ausgelassen wird z. B. kad ász, kaczéig bé kárpiu, tikt cíti galėjau „(als ich einen Mann ohne Füsse sah, war ich es gern zufrieden) dass ich, obschon ohne Schuhe, doch wenigstens gehen konnte." (Schleicher Lit. Gr. 337). Dem Litauischen eigenthümliche Wendungen sind die Participien in indirekten Fragesätzen und das Particip mit užůt „anstatt" (a. a. O. 324. 317) jis calkiojas užůt dirbęs „er treibt sich umher anstatt zu arbeiten". Hier müsste selbst das Griechische seinen Infinitiv zu Hülfe nehmen und ἀντὶ τοῦ ἐργάζεσθαι sagen, während es in der Frage ausschliesslich das verb. fin. gebraucht; dagegen fehlen dem litauischen Particip alle jene temporalen, causalen und hypothetischen Supplemente des griechischen, und nur dem Gebrauch von ὡς mit dem Particip kann es noch etwas Analoges an die Seite stellen in Sätzen wie *jis táré kád tai grai ísq*, „er sagte, dass das gut seiende" d. h. „gut sei", während da, wo nicht blos die subjective Meinung des Sprechers ausgedrückt werden soll, das verbum finitum eintritt. (Schleicher Lit. Gr. 351.)

Die höchste Stufe in der syntaktischen Entwicklung der Participia bildet ihre Verwendung zur Ergänzung verbaler Prädicate, die ich mit Curtius (Erläut.² 204) als den prädicativen Gebrauch κατ᾽ ἐξοχήν bezeichne und als eine jüngere Abart des appositiven ansehe. Auch zu diesem „weit verzweigten und in der griechischen Sprache mit besonderer Vorliebe gepflegten Gebrauch" (Curtius ebenda) fehlen zwar die Ansätze in keiner der verwandten Sprachen. So kommt die Verbindung des Particips mit dem verb. subst. zu Ausdrücken wie τοῦτο γεγραμμένον ἐστι „dies ist geschehend i. e. üblich" (Curtius Gramm.² § 590 Anm.) und δεδωκὼς ἔστι = dederis (Gr.¹⁰ § 590 Anm.) nicht blos im Griechischen vor, sondern von Ausdrücken der ersteren Art kennt z. B. das Lateinische ein *appetens est gloriae*, das Neupersische kann jedes part. praes. mit dem verb. subst. zusammensetzen, um der Handlung den Begriff der Dauer beizulegen, während es mit den sogenannten Participien auf *-ing* des Engl. beim verb. subst. z. B. *I am going* allerdings eine andere Bewandtniss hat (s. meine Gesch. d. Inf.'s 171 f.), ferner spielen die aus dem part. praet. und dem verb. subst. zusammengesetzten Verbalformen im Deutschen und Romanischen, im Neupersischen und Armenischen etc., wie schon gezeigt, eine weit grössere Rolle als im Griechischen. Auch das prädicative Particip bei Verba der Wahrnehmung findet sich nicht nur im Latein wieder, sondern ist im Sanskrit sogar noch viel beliebter[1]), und das Litauische kennt selbst das unserer Empfin-

---

[1]) Zahlreiche Beispiele hiefur gibt Hofer in seiner Schrift über den Infinitiv.

dung so fremdartige Particip an Stelle eines Aussagesatzes
(s. o.). Allein das Griechische vereinigt in seinem Sprach-
schatz nicht nur alle diese in den übrigen Sprachen mehr
sporadisch auftretenden Wendungen, unter denen noch die
Combination mit ἔχω, habe, habeo etc. hervorzuheben ist,
sondern es kennt deren noch eine so grosse Menge anderer,
dass es keine kleine Schwierigkeit macht, dieselben in Gruppen
anzuordnen und einzutheilen.

So frei aber die griechische Sprache in der Bildung solcher Ausdrücke verführt und so sehr sie z. B. in λήϑι βιώσας
oder in ὄχετ’ ἀποπτάμενος das Hauptverbum zum blossen
Fulcrum herabgedrückt hat, so macht sie doch selbst von
εἰναι mit dem Particip nur den sparsamsten Gebrauch, wo
es sich um die Vervollständigung des Verbalsystems handelt;
die schleppende Umschreibung des Passivs und des Praeteri-
tums mit Hülfsverba und dem Part. praet., die nicht wir
Deutsche allein so vielfach anwenden, ist dem Griechischen,
das sich noch einer reichen Fülle von Verbalformen erfreut,
so gut wie fremd.

Wie sich der syntaktische Gebrauch der Participia in
drei Entwicklungsstufen gliedert, die besonders im Griechischen
voll und bestimmt hervortreten, so zerlegt sich, wenn ich den
Gedankengang meiner Untersuchung recapitulire, die ge-
sammte Entwicklung dieser Kategorie im Indogermanischen
in eine Reihe gesonderter Perioden. Schon in der Organisationszeit der idg. Ursprache heben sich mehrere Nominal-
suffixe dadurch von den übrigen ab, dass sie fast an jede
Wurzel antreten, daher auch auf die Bildung der Praesensstämme Einfluss gewinnen. Theils mit diesen, theils mit
anderen Endungen werden dann noch vor der Sprachentrennung wirkliche Participia herausgebildet, die sich durch
ihre Rection und durch Unterscheidung der Zeitart und des
Genus der Handlung unmittelbar aus Verbum anschliessen.

dadurch also diese wichtigen Distinctionen auch auf das nominale Gebiet übertragen, doch ohne sie mit grosser Schärfe festzuhalten. Aber in der Mehrzahl der Einzelsprachen gehen die von Tempusstämmen gebildeten Participien grösstentheils verloren, die erhaltenen Participialbildungen sinken vielfach zu reinen Nomina herab, oder sie gehen durch Verbindung mit Hülfsverben mehr und mehr in das Gebiet der eigentlichen Verbalflexion über. Nur im Arischen, Litauischen, und weitaus am besten im Griechischen hat sich das Particip seine alte Mittelstellung zwischen Nomen und Verbum noch gewahrt: nur im Griechischen war es daher im Stande, sich allen Functionen des verbum finitum geschmeidig anzupassen und in unverändertem Fortbestehen neben der in allen verwandten Sprachen überwuchernden Hypotaxis sich als redender Zeuge der neuerdings mit so grossem Unrecht angefochtenen Vorzüglichkeit des griechischen Sprachbaus zu behaupten.

GRIECHISCHE WÖRTER IM LATEINISCHEN.

Von

ERNST BEERMANN.

DUDERSTADT.

Die aus der griechischen Sprache in die lateinische aufgenommenen Lehn- und Fremdwörter sind, obwohl sie von lautlicher Seite für den Grammatiker und von kulturhistorischer für den Historiker das grösste Interesse bieten, noch nicht in entsprechender Weise bearbeitet und unter obigen Gesichtspunkten zusammengestellt. Allerdings hat Corssen in seinem Werke „über Aussprache u. s. w." stets die Lautverhältnisse der Fremdwörter berücksichtigt; doch würde, glaube ich, eine eingehendere Untersuchung nach Zusammenstellung des gesammten Materials uns über manches noch Unsichere und Ungewisse grössere Klarheit und Gewissheit verschaffen. Eine Untersuchung unter dem zweiten der genannten Gesichtspunkte fehlt, abgesehen von einigen Andeutungen in Mommsens Römischer Geschichte, noch gänzlich.

Eine Grundlage zu weitern Untersuchungen hat kürzlich Alex. Saalfeld gegeben in dem „index graecorum vocabulorum in linguam latinam translatorum". Berol. 1874, einer Zusammenstellung der betreffenden Wörter in alphabetischer Reihenfolge mit kurzer Angabe der Litteratur. Allerdings ist Saalfeld, wie mir scheint, in Einzelheiten oft nicht genau genug gewesen, indem er einerseits Wörter, welche ererbt sind, für entlehnt hält (*her* χήρ, *fel* φέλλης, *pedum* σηδόν), andrerseits Wörter, über deren Herkunft man sehr zweifelhaft sein kann, als sicher entlehnt hinstellt. (*fagus* φηγός, *pisum* πίσος, *cera* κηρός, *seta* χαίτη.)[1]

[1] Es fehlen folgende Wörter in dem Verzeichnisse: *anthracina, orum* ἀνθρακῖνος Varr. ap. Non. 550, 5.

7

Eine Scheidung zwischen den aus dem Griech. entlehnten und ererbten Wörtern fällt im Lat. in höherem Grade schwer als bei vielen anderen Sprachen. Da der Lateiner zum Griechen in engerer Verwandtschaft steht als zu jedem der übrigen indogermanischen Völker und daher manche Lautveränderungen beiden Völkern gemein sind, so kann oft, wenn man die Laute betrachtet, hiernach nicht entschieden werden, ob ein Wort Fremdwort oder Erbgut ist. Ein solches Wort ist *aura* (Curt. Grundz. der griech. Et.[4] 390). Obwohl uns die Wurzel *ar* im Lat. nasalirt als *cen* in *cen-tus* vorliegt, so könnte man doch der Einfachheit der Bedeutung wegen zweifelhaft sein und annehmen, dass sich die Wurzel auch in ihrer ursprünglichen Gestalt im Lat. erhalten habe. Doch müssen wir wohl trotzdem ein Lehnwort annehmen, da andere in dies Gebiet gehörige Ausdrücke wie *aer, aether, aethra* anerkanntermaassen aus dem Griech. entlehnt sind.

Die weitern Kriterien zur Entscheidung, ob ein Wort Fremdwort oder gräkoitalisches Erbgut ist, ebenso die Wege und die Art der Uebertragung (ob durch Vermittelung oder unmittelbar — Volksetymologie) zu besprechen, liegt nicht in meiner Absicht. Nur in Betreff der Uebertragung im Allge-

---

apicas, Varr. Rr. II 2, 5: Quae (oves) ventrem pilosum non haberent, maiores nostri apicas appellabant damnabantque; doch wohl aus dem Griech. ἄποκος entlehnt.

basca, ae ὑῆς ὑ λόθημα εἰςλάθητον (Hesych.) Plaut. Men. 391.

camos ϰημός Accius 302.

crotalia ϰροτάλια Petron 67, 9.

dentarpaga dens und ἁρπάζω Varr. sat. Men. 17, 6.

gastram ἡ γάστρα Petron. 70, 6.

urceus ὕρχη, Cato.

pincerna πίνω und ϰεράω der Mundschenk Ps-Ascon. ad Cic. II Verr. 1, 26, 67 p. 179, 2 ed. Bait.

sicinnista σικιννίστης Acc. ap. Gell. XX 3, 3.

taranda τάρανδος Cat. Rr. 89. Varr

meinen möchte ich noch etwas hinzufügen. Es ist als Regel
hinzustellen, dass ein Volk nur solche Wörter entlehnt, für
welche es in seiner eignen Sprache keinen Ausdruck hat, bei
denen es also dann zur Umschreibung greifen müsste. Diesem
scheint zu widersprechen z. B. das lat. Wort für unser
„Taube", für welches wir zwei Ausdrücke finden, *palumbus*
und *columbus*. Von diesen ist die erstere die echt lat. aus
kalamba-s entstandene Form, die zweite die aus dem griech.
κόλυμβος entlehnte. Doch sehen wir bei genauerer Prüfung,
dass die Entlehnung bei *columbus* wohl begründet ist und
dass *columbus* von *palumbus* der Bedeutung nach differirt.
Palumbus ist die Holztaube, *columbus* die zahme Taube,
welche nach Hehn Kulturpfl. 247 erst durch den Venuskultus
nach Italien gekommen ist. — In gleicher Weise ist anzunehmen, dass ein Volk Gegenstände, welche es durch andere
Völker kennen lernt, mit dem Namen bezeichnet, welchen sie
bei den betreffenden Völkern haben, nicht aber dafür aus
eignem Sprachmaterial ganz neue Wörter schafft. So ist es
mir unwahrscheinlich, wenn Corssen II² 527 und mit ihm
Vaníček Lat. Etym. 198 *pallium*, welches doch immer als ein
griech. Gewand im Gegensatz zur römischen toga galt, aus
der lat. Wurzel *spar*, *spa-n* ableitet, eine Etymologie, der den
Lauten und der Bedeutung nach nichts im Wege stünde; das
Wort wäre dann entstanden aus *pa-n-l-in-m*. Doch scheint
mir obiger Grund dagegen zu sprechen. Richtiger leiten wir
vielmehr *pallium* von dem griech. *φάρος* her, wie bereits
Hemsterhuys vorschlug. *Φάρος* steht ihm in der Bedeutung
ganz gleich: beide bezeichnen einen weiten Mantel, den auch
Römer unter Griechen, sowie griechische und römische Hetären
trugen. Jedoch leiten wir es nicht wie Hemsterhuys direct
von *φάρος* her, sondern von dem uns bei Pollux 7, 99 erhaltenen Deminutiv *φαρίον*. Der Weg von *φαρίον* zu *pallium*
ist kein schwieriger. Ob *palla* ein echt lateinisches Wort ist

7*

oder seinen Ursprung ebenda hat, entscheide ich nicht. Ist
das erstere der Fall, so begreifen wir um so eher, weshalb
qeqior im Lateinischen die Gestalt *pallium* annahm.

Betrachten wir nun die Menge der aus dem Griech. herüber-
genommenen Ausdrücke und vergleichen z. B. Wörter wie
incilega, aplustre, propinare, heros mit ihren griech. Originalen
ἐγκέθηκη, ἄγκιστρον, προπίνειν, ἥρως, so fällt sofort in die
Augen, dass dieselben ihren Originalen gegenüber in Veränderung und Beibehaltung der Laute auf sehr verschiedenen
Stufen stehen. Man könnte daher fragen, ob nicht ein Unterschied zwischen ihnen zu machen sei. Allerdings wird in
andern Sprachen ein solcher gemacht, indem man die fremden
Wörter in Fremd- und Lehnwörter scheidet. Diese Unterscheidung führte an der deutschen Sprache durch W. Tobler
„Die fremden Wörter d. deutsch. Spr." Basel 1872 p. 12 und
23, ff. Man nennt dann Lehnwörter diejenigen, welche
früh in eine Sprache eingedrungen, daher in derselben auch
schon ziemlich festgewurzelt, gleichsam eingebürgert „natura-
lisirt" und „nationalisirt" sind, also auch das Gepräge ihrer
ursprünglichen Fremdheit meistens fast verloren haben, so
dass nur die geschichtliche Sprachwissenschaft, nicht aber das
allgemeine Sprachgefühl ein Bewusstsein von der Herkunft
solcher Wörter mit sich führt; dagegen Fremdwörter die,
welche als fremde Wörter noch gefühlt, welche erst seit kür-
zerer Zeit aufgenommen und darum auch äusserlich ihr fremdes Gepräge weniger abgelegt haben; sie bekommen nicht so
allgemeine Geltung in allen Schichten der Bevölkerung. Betrachten wir diese Unterschiede etwas näher und wenden sie
speciell auf das Lateinische an.

Allerdings kann man auch im Lateinischen sagen: ein
Lehnwort ist ein fremdes Wort, welches bei allen Klassen
der Bevölkerung, ein Fremdwort dagegen ein solches, welches
nur bei einzelnen derselben aufgenommen ist. Hierin hätten

wir also eine Art Kriterium; aber doch ein sehr unsicheres. Denn betrachten wir einmal specielle Gebiete, z. B. das der Kochkunst und Zubereitung der Speisen, auf dem gewiss viele Wörter aus dem Griech. entlehnt sind, wie weit gehen dort die Lehnwörter, wo fangen die Fremdwörter an? Welche Speisen kannte man allgemein, welche wurden nur auf dem Tische der Reichen aufgetragen? Gewiss können wir *massa* μᾶζα ein Lehnwort nennen, zweifelhafter ist dies schon bei *mattea* ματτύα (Varr.), unwahrscheinlich bei *hepatia* ἡπάτια (Lucil.). Vielleicht ebenso verhalten sich auf dem Gebiete der Kleidung *paenula* φαινόλης, *cestus* κεστός, *diplois* διπλοΐς.

Sehr unsicher ist auch die Unterscheidung der Lehn- und Fremdwörter nach der Zeit der Uebertragung. Gewiss ist, dass je weiter die Schrift sich verbreitet desto mehr die Lehnwörter aufhören und die Fremdwörter beginnen, dass desto mehr die volkstümliche Uebertragung aufhört und die gelehrte anfängt. Bei nur mündlichem Verkehr zweier Völker können die Wörter, da sie als gesprochen nichts Festes haben, eher mundgerecht gemacht und eventuell andern Wörtern angepasst werden; sind sie dagegen auf schriftlichem Wege übertragen, so bieten sie dadurch etwas Festes und Widerstandsfähiges, was sie ihre ursprüngliche Gestalt bewahren und so immer fremd bleiben lässt. Im Allgemeinen lässt sich wohl annehmen, dass in den beiden ersten der von Corssen II² 814 angenommenen Perioden der Uebertragung die Wörter als Lehnwörter, in den beiden letzten als Fremdwörter anzusehen sind. Eine bestimmte Grenze ist jedoch hier nirgends zu stecken.

Das Hauptkriterium beruht immer auf dem Sprachgefühle; empfand das Volk ein Wort als Fremdwort oder nicht? Dies Kriterium ist bei lebenden Sprachen sehr wohl anwendbar, bei todten Sprachen aber, wie bei der lateinischen, fällt es fast gänzlich weg. Die einzig competenten Richter wären in dieser Beziehung die lat. Schriftsteller und Grammatiker; doch geben auch sie uns keine Aufklärung, denn die erstern gebrauchten griech. Wörter, auch wenn sie dieselben als solche empfanden; die letztern leiteten aus der griech. Sprache auch Wörter her, die echt lateinisch waren, wenn sie nur etwas Aehnlichkeit mit den griech. hatten. Etwas liesse sich wohl aus den Schriften des M. Porcius Cato schliessen. Dieser, ein echter Römer und erbitterter Feind der hellenisirenden Richtung seiner Zeit, wird gewiss, soweit er irgend konnte, Wörter, welche ihm griechisch zu sein scheinen, vermieden haben. Hieraus liesse sich der Schluss ziehen, dass er Wörter, die wir jetzt als griech. erkennen, die er aber trotzdem gebraucht, nicht als griechische fühlte; diese könnten wir also mit vollem Recht für Lehnwörter erklären. Allein die Schrift de re rustica, auf welche es doch hauptsächlich ankömmt, liegt uns nicht so vor, wie sie von Cato verfasst ist; es ist fraglich, ob nicht der spätere Bearbeiter auch Ausdrücke, welche zu seiner Zeit nicht mehr üblich waren, durch neue ersetzt hat. Jedoch wären wir, selbst wenn die in der Schrift erhaltenen Ausdrücke von Cato herstammen, nur über einen kleinen Kreis von Wörtern aufgeklärt.

Auch die grössere oder geringer Umwandlung der Laute gibt keine feste Handhabe. Ein Wort wie *theatrum*, welches Laut für Laut dem griechischen *θέατρον* entspricht, dürfen wir kaum, wenigstens wenn wir nach unsern modernen Verhältnissen urteilen, was in diesem Falle wohl erlaubt ist, als Fremdwort ansehen; denn gewiss fühlte kein Römer in späterer Zeit bei dem Worte etwas fremdartiges, ebenso wenig wie heutzutage der gewöhnliche Mann in unserm „Theater" ein nichtdeutsches Wort erblickt.

Dass wohl ein Unterschied möglich ist, sehen wir aus Formen, wo Lehn- und Fremdwort nebeneinander stehen wie *elephantus* (Ennius) neben *elephas* (Lucr.), *citrus* (Lucan.)

neben *cedrus* (Hor.). Doch steht auch bei vielen Wörtern die Entlehnung und Einbürgerung fest, so gibt es dagegen eine grosse Menge, die in der Mitte zwischen beiden Arten stehen, bei denen man sich nicht für das eine oder das andere entscheiden kann. Eine stricte Durchführung ist nirgends möglich. Es wird daher auch im Folgenden auf eine solche Unterscheidung Verzicht geleistet werden.

Die lat. Sprache nahm in einem Grade, wie keine andere Sprache fremde Wörter, griechische Ausdrücke in sich auf. Sie wurde dazu veranlasst durch die besondern Verhältnisse des lat. Schriftwesens, welches sich ja ganz und gar an das griech. anlehnte. Die Dichter bedienten sich griechischer Ausdrücke, wo die lat. Sprache eigene Wörter besass und also ein Fremdwort völlig überflüssig erscheint. Plautus gebraucht Wörter wie *harpax harpagare* für *rapax, rapere*, *dulice* für *serviliter*, *morus* für *stultus*, Varro *malache* für *malva*. Horaz *elleborum* für *veratrum*, Vergil *spelunca* für *specus* u. s. w. Anfangs wurden wohl die lat. Schriftsteller zur Aufnahme eines griech. Wortes häufig durch die metaphorisch gebrauchten Wörter gedrängt, welche sie in den griech. Originalen vorfanden, während bei der „Naturwüchsigkeit“ und „Schwerwüchtigkeit“ der lateinischen Sprache solche Ausdrücke noch nicht in grösserer Zahl vorhanden waren, sondern sich erst später, vielleicht nach griech. Muster, bildeten. Aus der Art, wie Plautus die griech. Wörter behandelt, wie er dieselben durch lat. Suffixe weiter bildet (*thermopolare, diobolaris*), wie er mit ihnen neue Zusammensetzungen bildet (*subbasilicanus, semisonarius, halophanta*, letzteres nach Muster von *sycophanta*), sehen wir, ein wie grosses Verständniss der griech. Sprache die damalige Zeit gehabt haben muss. Wenn wir auch nicht annehmen dürfen, dass alle diese Wörter in der Volkssprache gebraucht wurden, so wurden sie doch von dem grössten Teile der Zuschauer verstanden.

Nach diesen Bemerkungen möge es mir gestattet sein, die
Wörter, welche am meisten volkstümlich geworden sind und
geworden zu sein scheinen, nach den hauptsächlichsten Ge-
bieten aufzuführen. Ich beginne mit dem Gebiete, auf welchem am ehesten Griechen und Römer zusammentrafen, dem des

Handels

vermittelt durch die Schiffahrt. Es kann uns nicht Wunder
nehmen, wenn wir zahlreiche auf das Seewesen bezügliche
griech. Ausdrücke finden. Curtius (Vortrag vor d. Hamburger
Phil.-Vers. 1855 p. 4) macht darauf aufmerksam, dass wir
hier drei Schichten zu unterscheiden haben, erstens uralte
indogermanische Wörter, zu denen wohl nur *naris* und *remus*
gehören, sodann eine Schicht echt lateinischer Wörter, zuletzt
eine Schicht griech. Fremdwörter. Echt lateinische Wörter
sind *ratis malus celum antenna (?) rudens remulco pro-
mulco* und vielleicht noch einige wenige andere. Die Römer
scheinen sich demnach auf Küstenschiffahrt beschränkt zu
haben; doch vervollkommneten sie sich auf diesem Gebiete insofern, als sie das Segel zu Hilfe nahmen und sich nicht nur
auf Rudern beschränkten. Erst seit ihrer Bekanntschaft mit
den Griechen bauten sie grössere Schiffe und unternahmen
weitere Fahrten. Bei ihren kleinen noch nicht verdeckten
Fahrzeugen hatten sie kein Bedürfniss gefühlt zwischen den
einzelnen Teilen des Schiffes zu unterscheiden und jeden derselben mit einem besondern Namen zu bezeichnen. Dies
sehen wir aus Ausdrücken wie *stega*, στέγη[1]) Verdeck, *prora*

---

[1]) Dass *stega* ein echt lat. Wort sei (Corss. II 155), ist mindestens zweifelhaft. Da uns die Wurzel *steg* im Lat. sonst nur als
teg vorliegt, so beweisen neben den oben angeführten andern Ausdrücken auch die Laute des Wortes das Gegenteil. Allerdings ist
στέγη uns nicht in der Bedeutung „Verdeck" überliefert, aber „wie
vieles mag in solchen Ausdrücken uns unbekannt sein, besonders wenn
sie landschaftlich waren" (Curtius).

πρῶρα Vorderteil, aplustre ἄφλαστον Schiffsspiegel. Wohin puppis zu stellen ist, können wir nicht entscheiden, da die Etymologie desselben noch nicht gefunden zu sein scheint. Ferner lernten sie erst von den Griechen den Anker ancora ἄγκυρα kennen; sie scheinen demnach vorher ihre Schiffe nur durch Ketten oder Seile befestigt zu haben; ebenso die wichtige Kunst des Steuerns κυβερνᾶν gubernare, gubernator, gubernaculum. Sie übernahmen sodann genauere Bezeichnungen des Segelwerks carchesium καρχήσιον der Teil des Mastes, wo die Segel befestigt sind, artemo ἀρτέμων Bramsegel, anquina ἄγκοινη (ὄγκοινα ἱστοῦ Hesych.). Andere hierher gehörige Ausdrücke sind noch strappus στρόφος der Riemen zum Anbinden der Ruder, metreta μετρητής das Tonnenmaass der Schiffe, phalanga φάλαγγη eine Stange um Schiffe fortzuschieben, scutula σκυτάλη eine Walze zu demselben Zwecke. Manche termini technici sind nur Uebersetzungen von griech. Wörtern, wie triremis von τριήρης, oculi Ruderlöcher von ὀφθαλμοί, pedes Schote von πόδες u. s. w.

Da die Römer jetzt weitere Fahrten unternahmen, so lernten sie auch die Seekrankheit nausea ναυσία, grössere Seetiere balaena φάλαινα, pistris πρίστις, sowie Seeräuber pirata πειρατής archipirata und grosse Handels- und Stapelplätze emporium ἐμπόριον kennen. Eine grosse Menge Benennungen von grossen und kleinen Schiffsarten erhielten sie von den Griechen linter πλωτήρ (πλοιάριον Hesych.) gaulus γαυλός Kauffahrteischiff, cybaea Transportschiff, wahrscheinlich abgeleitet von κύπη cupa Kufe, ebenso aphractus, baris, cercurus, lembus, moneris, scapha. Es ist sogar nicht unwahrscheinlich, dass das gewöhnliche und allgemein gebräuchliche Wort für Seemann nauta ein Lehnwort und gleich dem griech. ναύτης ist, da das Suffix ta im Lat. sehr selten vorkömmt. Zu navita stimmt in der Form ναύτης. Einige Schifferausdrücke gingen in die Volkssprache über und nahmen eine viel allgemeinere Be-

deutung an. So scheint aus der Schiffersprache entnommen
zu sein das Wort *pausa* παῦσα: wir lesen bei Seneca ep.
56, 5 die Form *pausarius* d. h. der Vorgesetzte der Ruder-
knechte, welcher mit dem Hammer das Zeichen gibt, wann sie
innehalten sollen. Von hier aus ging das Wort in die allgemeinere Bedeutung „innehalten, aufhören" über. — Ebenso
verhält es sich mit dem Worte *exanclare* schöpfen. Dies ist
nicht mit Corssen Krit. Beitr. 161 als ein Compositum des
echtlateinischen Wortes *anclare*, bedienen, anzusehen, wo-
gegen bereits Bugge Kuhns Ztschr. XX 141 Einspruch erhoben hat: es ist vielmehr eine Latinisirung des griechischen
ἐξαντλεῖν. Denn erstens würde es schwierig sein, aus der
Bedeutung „dienen", welche *anclare* unzweifelhaft hat, die
Bedeutung „ausschöpfen" herzuleiten; zweitens aber hat das
griech. ἐξαντλεῖν genau dieselben Bedeutungen, welche das
lat. *exanclare* hat, nämlich „ausschöpfen" und metaphorisch
„ertragen, erdulden" cf. ἐξαντλεῖν ὕδωρ Plat. legg. V p. 736;
exanclare cinam poculo Plaut. Stich. 272 und ἐξαντλεῖν βίον
Eur., *quantis aerumnis illum exanclari diem*. Enn. tr. 90.
Wir würden nach der griech. Form auch im Lat. *exantlare*
erwarten, eine Form, welche auch von Priscian überliefert
wird: die sonst überall bezeugte Form ist *exanclare*; dieselbe
können wir entweder so erklären, dass man *exantlare* durch
Volksetymologie an *anclare* anlehnte, oder dass die Römer
aus Abneigung gegen die Lautgruppe *tl* diese in *cl* verwandel-
ten. Da nun ἄντλος, häufig von dem Ausschöpfen des in
den Schiffsraum eingelaufenen Kielwassers gebraucht, vielleicht
von ἄντλος Kielwasser abzuleiten ist, also ein Seemannsaus-
druck war, so liegt die Vermutung nahe, dass auch *exanclare*
ursprünglich ein Ausdruck der Schiffer gewesen, der dann
wie *pausare* in weiterem und übertragenem Sinne angewandt
wurde. Diese Vermutung wird dadurch bestätigt, dass auch
vom lat. *sentina* == ἄντλος ein Verbum *sentinare* in den-

selben Bedeutungen wie *ἐξαρτίζειν* und *emanclare* abgeleitet wird.

Durch den Handelsverkehr lernten die Römer sodann noch folgende Ausdrücke kennen: *arra arrabo* ἀῤῥαβών Kaufgeld, *collabus* κόλλυβος Aufgeld, Agio — *statera* στατήρ, *trutina* τρυτάνη Waage — *nummus* νόμος (?), *mina* μνᾶ, *drachma* δραχμή, *obulus* ὀβολός, *talentum* τάλαντον, *tensaurus* θησαυρός.

Manche Handelsartikel wie *purpura* πορφύρα, *creta* κρήτη kretische Erde (zum Färben und Schminken gebraucht) *tus* θέος wurden von den Griechen importirt. In weitem Umfange kam dieser Verkehr auch der römischen Küche zu Gute, indem er sie viele Arten von Fischen als Speisen verwerten lehrte, wie, um nur einige anzuführen, *mena* μαίνη Hering, *flata* πλώτη Muräne, *apua* ἀφύη Sardelle, *conger* γόγγρος der Meeraal, u. s. w.

Gehen wir auf ein anderes Gebiet, auf das der

Hauseinrichtungen

über. Die Bezeichnungen für die einzelnen Teile des Hauses sind hier meistenteils echt lateinisch (*atrium*, *vestibulum*, *ostium* etc.). Nur einige zur Verschönerung und Ausschmückung des Hauses dienende Einrichtungen haben die Römer von den Griechen entnommen. Die Römer verwendeten in ihren Zimmern eine flache Decke *tectum*, durch die Griechen erhielten sie die *camera* καμάρα die gewölbte Decke, ebendaher das *peristylum* περίστυλον den hinter dem cavaedium liegenden von Säulen umringten Hofraum. Griechischen Ursprungs sind ferner *exedra* ἐξέδρα das Gesellschaftszimmer, *balneum* βαλανεῖον, *triclinia* Speisezimmer. — Die Römer verschlossen die Türen durch *serae* hölzerne Querbalken oder durch *repagula* zwei sich begegnende mit einander zu verbindende Riegel. Diese bewirkten nur einen Verschluss von innen. Griechisch ist der *pessulus* πάσσαλος, der auch zum Verschluss von aussen diente und durch die *claris* (demnach vielleicht auch ein Fremdwort = dor. κλαΐκτά)[1]) hin und her bewegt wurde; ein anderer Verschluss wurde durch Gitter *clathri* = dor. κλᾶθρα hergestellt. Allem Anschein nach ist auch *fenestra* entlehnt, da wir eine Wurzel *fan* im Lat. nicht haben, und ist dann einem griech. *φαινστρα gleichzusetzen.

Hiermit verbinde ich eine Aufzählung der gebräuchlichsten Fremdwörter zur Bezeichnung von Speisen, Küchengeschirr und andern Geräten. Die feinere Kochkunst wurde den Römern jedenfalls erst durch die Griechen bekannt; Sicilien war ja wegen seiner Köche berühmt. Wir haben hier folgende Ausdrücke: *massa* μᾶζα, *obsonium* ὀψώνιον, *muttea* μυττέα, *placenta* πλακοῦς, *spaerita* σφαιρίτης, *spira* σπεῖρα, *euchytos* ἔγχυτος, *copta* κόπτη, *pemma*, πέμμα: letztere sämmtlich verschiedene Arten von Kuchen bedeutend. Küchengeräte sind: *artopta* ἀρτόπτης Backgeschirr, *cacabus* κάκκαβος Kochtopf, *cochlear* Löffel von *cochlea* κοχλίας weil er die Gestalt einer Muschel hatte; *magida* μαγίς Schüssel, *patina* πατάνη Pfanne, *trublium* τρύβλιον Schüssel.

Andere Hausgeräte, welche auf die Griechen zurückgehen, sind *abacus* ἄβαξ, *cilibantum* κιλλίβας Schenktisch, *canistrum* κάναστρον Korb, *incitega* ἐγγυθήκη ein Gestell, auf welches die Amphoren gestellt wurden; *cista* κίστη, *capsa* κάψα (?), *riscus* ῥίσκος, *soracum* σώρακος Truhe, Kiste, *lanterna* λαμπτήρ Laterne.

Unter den verschiedenen zur

Kleidung

gehörenden Gegenständen beweist das Wort *stola*, wie sehr oft vergessen wurde, dass ein Wort ein Fremdwort sei. Dass *stola* gleich dem griech. στολή ist, wird nicht zu leugnen

---

[1]) Dass *claris*, ebenso wie *clathri*, ein Lehnwort ist, erscheint nicht unwahrscheinlich, da uns die Wurzel *clac* im Lat. sonst nur mit *d* erweitert vorliegt, *claud-o*, *claus-trum*.

sein. Trotzdem galt die *stola* als charakteristisches Kleid der römischen Matronen: Libertinen und meretrices durften sie nicht tragen. Bei Ennius hat das Wort noch die auch im Griechischen üblichste Bedeutung „Kleidung, Gewand" im Allgemeinen, z. B. tr. 285 *regnum reliqui saeptus mendici stola*. Später wird es jedoch nur von der Kleidung der Frauen und zwar der ehrbaren vornehmen Damen gebraucht, was Ausdrücke wie *stolatae* beweisen.

Als Reise- und Winterkleid benutzte man die *paenula* = dor. φαινόλης, einen langen Mantel ohne Aermel von dichtem starkem Zeuge. Demselben Zwecke diente auch *abolla* ἀβόλος ein dichter Mantel, sowie *laena* = χλαίνη ein gefüttertes Oberkleid. Ueber *pallium* siehe oben S. 99. Ferner gehören hierher *alicula* ἀλλάς Zipfelmantel, *endromis* ἐνδρομίς, *diplois* διπλοΐς, *arnacis* ἀρνακίς Schafpelz, *gaunacum* γαυνάκη persischer Pelz. — Besondere Kleiderstoffe waren *carbasus* κάρπασος feines orientalisches Gewebe, *supparum* σίπαρος leinenes Zeug, *amphimallum* ἀμφίμαλλον ein auf beiden Seiten wolliges Zeug, *gausapa* γαυσάπη ein auf einer Seite wolliger Fries, etc. — An Kopfbedeckungen finden wir folgende: *pilleus* πῖλος (?) Filzkappe, *causia* καυσία Sonnenhut, und *petasus* πέτασος Reisehut.

Schmuckgegenstände verdankten die römischen Frauen vielfach den Griechen wie *spinter* σφιγκτήρ Armspange, *stalagmium* *στάλαγμιον Ohrgehänge, *malacium* μαλάκιον ein Kopfputz, *phalerae* φάλαρα Brustgeschmeide. — In dieses Gebiet sind noch zu stellen *crepida* κρηπίς Sandale, die jedoch immer für etwas griechisches galt, *averta* ἀορτήρ Mantelsack, *marsupium* μαρσύπιον und *pasceolus* φάσκωλος Börse, Geldbeutel, sowie *pera* Ranzen mit seinen Ableitungen *perula, ascopera, succiperium*.

Die andern Gebiete in derselben Ausführlichkeit durchzugehen würde zu weit führen: ich will daher nur noch auf einzelnes aufmerksam machen. Sehr viel Lehnwörter finden wir auf dem Gebiete der Landwirtschaft. Die Namen der Bäume, der Pflanzen und der aus ihnen gewonnenen Erzeugnisse sind meistenteils griechisch. Beispielsweise führe ich an *cerasus* κέρασος Kirsche, *morus* μορέα Maulbeerbaum, *olea* ἐλαία Oelbaum, *buxus* πύξος Buchsbaum, *menta* μίνθη Münze, *piper* πέπερι Pfeffer, *porrum* πράσον Lauch, *amurca* ἀμόργη der ausgepresste Oelschaum, *tisana* πτισάνη Gerstentrank, *trapetum* *τραπητον Olivenkelter. Ist auch der Wein *vinum* wohl kein griechisches Lehnwort, so lernten doch die Römer die sorgfältige Behandlung und Aufbewahrung desselben von den Griechen. Zahlreiche Wörter bezeugen dies. Geräte zum Aufbewahren des Weins sind: *cadus* κάδος (?), welcher mit *resina* ῥητίνη ausgepicht war, *acratophoram* ἀκρατόφορον, *culeus* κουλεός, *capa* κάπη, *laguena* λάγυνος, *amphora* ἀμφορεύς, mit dem Deminutiv *ampulla*. Ebenso gross ist die Zahl der Wörter für Mischkessel, Trinkgefässe, Becher u. s. w. *cratera* κρατήρ, *cyathus* κύαθος, *cantharus* κάνθαρος, *lepista* λεπάστη, *culigna* κυλίχνη, *calix* κύλιξ, *batiola* βατιάκη etc. Die Etiquette an Weinflaschen hiess *pittacium* πιττάκιον. Durch das Weintrinken lernten die Römer auch das *comissari* κωμάζειν, und in Folge davon die *crapula* κραιπάλη kennen, sowie die schlimmeren Folgen *cheragra* und *podagra*.

Auf dem Gebiete des Kriegswesens brachten die Griechen den Römern namentlich die künstlichen Maschinerien zu. Wahrscheinlich kam auf diese Weise das Wort *machina* = dor. μαχανά in die lat. Sprache. Solche Maschinen sind *catapulta* καταπάλτης und *ballista* *βαλλιστήρ mit den Zusammensetzungen *arcu-*, *manu-*, *carro-ballista* bei Veget.

DIE SUBSTANTIVA AUF ΥΙΑ.

Von

EMIL WÖRNER.

MEISSEN.

Ueber die an Zahl sehr beschränkte Gruppe von Substantiven auf *εια* ist, soweit ich die Literatur verfolgen konnte, noch nicht im Zusammenhang gehandelt worden. Die hierher gehörigen Bildungen tragen in ihrer Mehrzahl das Gepräge der Alterthümlichkeit an sich, der grössere Theil findet sich schon bei Homer, nämlich *ἄγυια, αἴθεια, ὄργυια, μεῖα* nebst *κοτέμεια, μητρυιά*, dazu die Eigennamen: *Ἅρπεια, Εἰλείθεια, Ὠρείθεια*. Aus Hesiod stammt der Eigenname *Ἴδεια*, durch Hesiod, Sophocles, Herodot und Pausanias ist *Θεία* bezeugt, aus Plutarch wird *Καλλίθεια* angeführt. Was die alten Grammatiker über die Quantität des *α* und den Accent der drei- und mehrsilbigen Substantiva auf *εια* lehrten, hat Lentz, Herodiani Techn. reliquiae I, p. 284 (*ἐκ τοῦ Ἡρωδιανοῦ περὶ καθολικῆς προσῳδίας LI*) zusammengestellt [1]. *Τὰ εἰς α συνεσταλμένον μονογενῆ ἐπὶ δύο συλλαβὰς περιλήγοντα τῇ ει διφθόγγῳ προπαροξύνεται, ἄρπεια περὶ τὸ ἄρπω, οἳ περέχουσιν ἁρπάζω. ἔστι καὶ πόλις ἐν Ἰλλυρίᾳ περ' Ἐρχελίας, ἧς ἦν Βάτων ὁ Ἀμφιαρέου ἡνίοχος μετὰ τὸν ἐγκισμὸν αὐτοῦ ἀπέκρυψε. Πολέμιος. Εἰλείθεια καὶ Εἰλήθεια ἔστι καὶ Εἰληθείας πόλις Αἰγυπτιακή. Ὠρείθεια, αἴθεια ἔγεια· Ἡρακλέους ὁ Γλαύκου περὶ τὸ ἔγω φησίν ἔστι δὲ ὡς περὶ τὸ ἄρπω ἄρπεια, ὀρέγω ὄργυια, ἃ πληθυντικῶς ὀξύνεται "μέτρ ἐν ἄγυιαι" (Υ 254) "ἔκτμένας" δὲ "κατ' ἀγυιάς" (Ζ 391). Ἴδεια, τὸ μητρυιά μακρὸν ἔχον τὸ α ὀξύνεται.* Ueber die zweisilbigen auf *εια* gibt Lentz I. p. 271, 27: *τὰ διὰ τοῦ αια*

ζεὶ ... τε διαλλαξε προτερ...κωτατα, an welcher Stelle zu μαῖα,
γαῖα, ἐια, γραῖα, Φαῖα, Ζαῖα noch θεῖα und μεῖα gefügt
wird.

Auf den ersten Blick leuchtet ein, dass die fünf Wörter
ἄγεια, αἴθεια, Ἄρπεια, Ἴθεια, ὄρχεια ihrer Bildung nach enger
zusammen gehören: sie zeigen die Endung der Participia Perf.
act. fem. gen., und sind wohl nichts anderes, als uralte in
Substantiva übergegangene Participia des starken Perfects,
welche die Reduplication entweder eingebüsst, oder aber nie
besessen haben. Dass es unter den Substantiven eine ziemliche Anzahl ursprünglicher Participia gibt, ist eine bekannte
Sache. Formen wie γέφυρ, ὀρτάζων, Κρέον, Ῥέα, Ἄτλας,
αἴθουσα, Κρέουσα, Μέδουσα, Ἀξεφύρη, adulescens, parens,
serpens, cliens, unser „Freund, Feind, Heiland" lassen sich
gar nicht anders auffassen; ich weiss nicht, aus welchem Grunde
man diese participiale Natur nicht auch offen den obigen Wörtern zugesprochen hat.

Leo Meyer vergl. Gr. II. 491 führt ἄγεια allein unter den
abgeleiteten Nominibus auf ja an, lässt aber obige Bildungen
in dem Abschnitt über die Nomina auf cant II. 218—226
unerwähnt. Lobeck Paralip. 377 begnügt sich mit der Vermuthung: „Ac profecto fieri potest, ut quae nobis substantiva videantur primitiva, reapse adjectiva sint: via, ἄγεια."
Auch in der Anmerkung hebt er die adjectivische Bedeutung
dieser Wörter hervor: „Stephanus ἄγεια (παρὰ τὸ ἄγος) ὡς
περὶ τὸ ὄρχη (ὄρπιο Herodian. ap. Orion. p. 28.) ἄρπεια,
ὀρίχο ὄρχεια. Ἄρπεια certe adjectivi simile ut αἴθεια
i. q. αἴθη, θεῖα i. q. θεῖα (ut φθεῖα ἡ κατὴ ἀπὸ φθίσιος
Hesych., apud Lycophronem ἀγραίθεια Καλλίθεια illa a fu-
rendo nominata ut θύελλα, haec a sacrificando. Richtiges
und Falsches steht in diesen Worten dicht beisammen: das
Angemessenste ist es, die gleichartigen dieser Bildungen abzu-
sondern und getrennt zu behandeln.

Am deutlichsten liegt das Participium in Ἰδυῖα vor: diese Nymphe ist nach Hesiod. theog. 352. 960. (wo noch Ἰδυῖα geschrieben wird) eine Okeanide, die Gemahlin des Aeetes und die Mutter der Medeia. Das Bedeutungsvolle der Namen Ἰδυῖα und Μήδεια liegt zu Tage. Dieselbe Nymphe nennt Apollonius Rh. III. 243 Εἰδυῖα, welchen Namen bei Lycophron 1024 die Gemahlin des Acakos hat.[1]) Bekker hat überall im Homer neben εἰδώς die Form ἰδυῖα hergestellt, Form und Bedeutung bekunden hier das Perfectparticipium, welchem die Reduplication fehlt, wie im Sanskrit dem entsprechenden vidúshī. Damit der Eigenname vom Particip getrennt werde, erhielt dieser seine besondere Betonung. Merkwürdig ist die masculinische Bildung ἴδυιοι μάρτυρες ἢ οἱ τὰς φωνὰς ἴδυες χρίνοντες, οἱ δὲ ἀνίστορες. Hesychius. Da neben ἴδυιοι auch die Form ἴδυοι sich findet und damit bei den Laconiern βίδυοι βίδυοι übereinstimmt, so wird man auf eine alte Bildung mit dem seltenen Suffix υο = lat. uo, skr. va, geführt. Ἴδυοι, βίδυοι steht für ϝιδ-ϝο-ι, ἴδυιοι aber ging aus ϝιδ-ϝο-ιοι hervor, wie φίλτος aus φιλο-το-ς, und βίδυοι entspricht einem βίδϝοι, wie ἡδύς = ἡδέϝ-ς neben ἡδέ-ς. Trotz ἴδυιοι glaube ich Ἰδυῖα nicht von der Participialform ἰδυῖα oder εἰδυῖα trennen zu dürfen, besonders wegen der Kürze des α. Auch das Gothische weist noch ein altes Participium praeteriti auf, dessen Suffix auf „vant" zurückgeht, in dem Substantivum: bêrusjôs (parentes) = ba-bar-ansjas (Schleicher), welche Bildung eigentlich einem „*τε-τοκ-υιοι" entspricht. Leo Meyer II, 225 stellt ausserdem das gothische veitvôds, der Zeuge, mit Sanskr. vidvánt- und εἰδώς zusammen und zählt p. 226 mehrere im Altindischen ohne Reduplication gebildete Perfectparticipia auf. Geht man hiervon aus, so erklären sich

---

[1]) Pott in Kuhns Zeitschr. VI. 114 führt eine Okeanide Ἠλεκτρυῖα an.

ἄγεια, αἴθεια, ἄρπεια, ὄργεια von selbst, ihre Ableitung von
ἄγω, αἴθω, ἄρπω, ὀρύχω liegt so deutlich vor, dass auch die
Alten sie richtig erkannt haben.

Zu ἄγεια ist ἡ ὁδός zu denken. Homer braucht das Wort
ebenso von der Strasse der Stadt: E 642 Ἴλιον ἐξαλάπαξε
πόλιν χήρωσε δ᾽ ἀγυιάς, wie von den Landstrassen: ψ 388
δέκ το τ᾽ ἤλικος σκιόωντό τε πᾶσαι ἄγειαι. Von Suidas werden ἄγειαι durch ἐπιμήκεις ὁδοί erklärt. περὶ τὸ μὴ ἔχειν
πολ γεῖα (?) καὶ μίλη καὶ κάμψεις, τὰ δὲ ἐμφανῆ ἔχουσαν
ἑκατέρωθεν διεξόδους καὶ ταύτῃ διαφέρουσαν. Dazu stimmt
die Stelle bei Pausan. V. 15, 2 διέστηκε (τὸ .λεωτύδεων)
δὲ ἀγυιὰν ἀπὸ τῆς ἐσόδου τῆς πομπικῆς. τοὺς γὰρ δὴ ἀπὸ
Ἀθηναίων καλουμένους στενωποὺς ἀγυιὰς ὀνομάζουσιν οἱ
Ἠλεῖοι. Hohlwege sind auch bei uns oft Reste der ältesten
Heerstrassen. Was die Bedeutung von ἄγεια anlangt, so ist
es wahrscheinlich, dass das Wort nicht zu fassen ist wie ὁδὸς
φέρουσα, sondern in passiver Bedeutung, in welcher das starke
Perfect nicht selten vorkommt: der „beführte, befahrene“ Weg,
auf welchem das Heer geführt, die Heerde getrieben, mit
Wagen gefahren zu werden pflegt.

Αἴθεια sc. ὄρνις stellt sich mit αἴθουσα, αἶθοψ, αἴθων zu
αἴθω, cf. schol. Pindar. Ol. 9, 51. καίλεν πρὸς ἀγυιᾶν ὥσπερ
περὶ τὸ αἴθω αἴθεια, οὕτω περὶ τὸ μέω γεῖα καὶ περὶ τὸ
ἄγω ἄγεια. Wie αἴθων zur Bezeichnung einer eigenthümlichen
braunrothen Färbung von Pferden, Rindern, Löwen, Adlern,
ja sogar von metallenen Geräthen gebraucht wird, wie Θ 185
Αἴθων der Brandfuchs selbst als Name eines Pferdes steht,
so bezeichnet die αἴθεια jenen Wasservogel mit rostbraun-
rothem Kopfe und Nacken[1]), welcher sich besonders in Küsten-
gewässern aufhält und von uns wegen seiner Geschicklichkeit im

---

[1]) Zu Hesychius: αἴθεια ἐράνεια πορφύρα stimmt die Angabe
bei Lenz, Zoologie der alten Gr. u. R., S. 283 Anm. 1306, dass der
rothkehlige Taucher rabenartig krächzt

Tauchen der Taucher genannt wird. (cf. Lenz Naturg. der Vögel.
Die Sägetaucher S. 497.) Da die Alten glaubten, dass diese
Wasservögel durch häufiges Tauchen bevorstehenden Regen,
durch häufiges Zusammenschlagen der Flügel nahenden Sturm
anzeigen, so sahen sie in ihnen nützliche Warner für die Schiffer,
und deshalb, glaubt man, hatte die Athene als Göttin der Stürme
und Wogen den Beinamen αἴθυια.[1]) Pausan. I. 5, 3. Καὶ
Ἡσίοδα μὲν αὐτοῦ λέγεται ποιήσαντα ἀποθανεῖν καὶ οἱ
πρὸς θαλάσσῃ μνῆμά ἐστιν ἐν τῇ Μεγαρίδι ἐν Ἀθηνᾶς Αἰθυίας
καλουμένης σκοπέλῳ. Doch liegt die Vermuthung nahe, dass
der Beiname der Athene nicht anknüpfe an den Vogelnamen,
sondern dass Ἀθηνᾶ Αἰθυία die Glänzende bezeichne und
auf die Göttin „des strahlenden Aethers und seiner leuchten-
den und blitzenden Allgewalt" hindeute. Dies wird bestätigt
durch den Frauennamen Καλλίθυια „die schön Glänzende"
bei Aristides or. 45. p. 6. welchen man mit Unrecht hat in
Καλλιθύια ändern wollen. Dass man einem Schiff hingegen
den Namen des Seevogels Αἴθυια gab, hat einen guten Sinn.
Seiner Bedeutung nach stellt sich αἴθυια zu αἴθομαι brenne,
leuchte.

In Ἅρπυια (die Raffenden) liegt uns noch das Wurzelverbum ἅρπω vor, von welchem ἁρπάζω abgeleitet ist. Ob
man den Spiritus asper als unorganisch erklären, oder mit
Pott (Kuhns Zeitschr. VI. 334.) das Verbum als zusammen-
gesetzt aus ἁ = sanscr. sa (d. i. das athroistische ἁ) und „rapere"
auffassen will, ist für unsern Zweck ziemlich gleichgültig. Bei
Homer sind die Ἅρπυια nur die weiblichen Personificirungen
schnell dahinraffender Stürme, wie namentlich aus υ 63 ff. her-
vorgeht. Penelope wünscht entweder auf der Stelle von den
Geschossen der Artemis getödtet oder von einer Windsbraut
in das Schattenreich entrückt zu werden: „ἤπειτά μ' ἀναρπά-

ξεαο θύελλα οἴχοιτο προφέρουσα κατ' ἠερόεντα κέλευθα,
und indem sie das Schicksal der Töchter des Pandareos vergleicht, die zuletzt nach dem Rathschluss des Zeus von jähen
Stürmen in die Unterwelt entrafft worden seien, fährt sie
fort: v 77. τόφρα δὲ τὰς κούρας ἅρπυιαι ἀνηρείψαντο καὶ
ρ' ἔδοσαν στυγερῇσιν ἐρινύσιν ἀμφιπολεύειν.[1]) Wer an der
präsentischen Bedeutung der Formen εἴθεα und Ἄρπυια noch
Anstoss nehmen sollte, braucht nur die Zahl der starken Perfecta bei Homer ebenso von transitiven wie intransitiven Verbis zu durchmustern, welche eine dem Präsens synonyme Bedeutung haben.

Ὄργυια vertritt die alterthümlichere Gestalt von ὀρέγω,
dessen ι durch Einschub erklärt wird, neben dem sanskr. ार्ग्.
Die Nebenformen ὀρόγυια (Steph. Byz.) und ὀρόγυια (Pindar)
sind demnach jünger. (cf. Ἄρπυια neben Ἄρπυια.) Suidas sagt
nicht ohne Grund: ὀργυιά ἐπὶ τοῦ μέτρου „mensurae nomen",
aber ὀργυιαί τὰ μετὰ τῶν ἰδίων χειρῶν μέτρα „spatium quod
inter utramque manum extensam continetur." So auch Pollux
II. 158: εἰ δ' ἄμφω τὰς χεῖρας ἐκτείνας, ὡς καὶ τὸ στέρνον
συμπεριοῖ, ὀργυιὰ τὸ μέτρον. Der Plural ὀργυιαί scilic.
χεῖρες die ausgebreiteten Hände, d. h. das Mass von der Spitze
der rechten bis zur Spitze der linken Hand, erklärt die Wort-
entstehung. Ebenso wie bei ἔχεα und εἴθεα hat sich auch
hier eine passive oder intransitive Bedeutung eingestellt, wobei man denke an διδαχή unterrichtet neben dem transitiven
Aorist δίδαξαι, er unterrichtete, an ἔολπα ich hoffe, neben
dem transitiven ἔλπειν hoffen lassen, an die ἀγορὴ τετρηχυῖα
Ἰλ 346 die aufgeregte Volksversammlung neben ταράσσειν
aufregen, an μ 423 ἐπίτονος βοὸς ῥινοῖο τετευχώς das Raa-
tau aus Rindshaut gefertigt neben τεύχειν anfertigen. Unser

---

[1]) Will man zu ἅρπυια noch einen Begriff ergänzen, so müsste
es unter Bezug auf ἀναρπάξασα θύελλα eben θύελλα sein.

deutsches „*Klafter*" enthält einen ähnlichen Grundbegriff, da die Klafter nach Hildebrand das Mass bezeichnet, welches ein Mann mit ausgebreiteten Armen „klammert"[1]).

Wegen der genauen Uebereinstimmung der Endung des Partic. perf. act. fem. gen. mit den entsprechenden Bildungen der stammverwandten Sprachen verweise ich auf die Auseinandersetzungen von Bopp, Vergl. Gr. III. § 786—90, Schleicher² § 218 S. 403—7. Leo Meyer Vergl. Gr. II. S. 218—28; für unsere Fälle ist es von besonderem Interesse, dass sowohl im Sanskrit, wie im Zend Participia perf. ohne Reduplication vorkommen und dass•dies für die Perfectparticipia des Litauischen und des Altbulgarischen die Regel ist. Auch verdient berücksichtigt zu werden, dass ἄγυια, ὄργυια, αἴθυια, ἄρκυια vocalisch anlauten. Bei den ersten beiden könnte man an ein starkes Perfect mit attischer Reduplication denken, unter der Schwere der Endung sprang die Reduplicationssilbe ab. Wie neben ἐρρηγώς ἐρρηγυῖα, neben τεθηλώς τεθαλυῖα vorkommt, so liesse sich neben einem *ἐρηγώς *ἐρηγυῖα und daraus ἄγυια ansetzen. Oder die Dehnung des Anlautes wurde bei diesen Formen unterlassen, damit die Reinheit und Ursprünglichkeit der Stammsilben nicht getrübt werde. So finden sich bei Herodot vocalisch anlautende Perfecta ohne Dehnung z. B. κατερρωόδηκα III, 145, ἐσθημένος III, 129, VI, 113.

Die zweite Gruppe gleichartiger Bildungen besteht aus μυῖα mit ζετράμυια (später ζετράμυια, θυῖα, Ὀρείθυια Καλλίθυια, nur scheinbar gehört hierher Εἰλείθυια.

---

[1]) Die Alten statuiren für diese Wörter, namentlich für ἄγυια, ὄργυια, ἄρκυια den παραληγομένως τόνον, cf. Lentz Herod I 530, 28. II. 57. 22. 613. 10 Choerob. Bekk. Anecd. p. 1217. Wahrscheinlich wird der Differenzirungstrieb der Sprache, diese Wörter schon durch den Accent von den eigentlichen Participien zu trennen, mitgewirkt haben.

Die Ableitung von μεῖα zwar steht noch nicht fest, wenn auch für das griechische Wort abgesehen von den stammverwandten Bildungen die Zurückführung auf dieselbe Wurzel, aus der μῦς, mus skr. mush (stehlen) hervorging, viel Wahrscheinlichkeit hat, aber die Bildung des Wortes ist offenbar die gleiche wie in μαῖα, γαῖα, χραῖα, so dass man ansetzen kann μῦς : μεῖα = χραῦς : χραῖα. Hierzu stellt sich das compositum determinativum ζετεμεῖα, als Schimpfwort von Ares gebraucht, Φ 394 gegen Athene, Φ 421 von Hera gegen Aphrodite, auch Μεῖα allein kommt als Frauenname vor. Die Θεῖα, welche Herodot VII, 178 eine Tochter des Kephisos und Pausanias X, 6, 4 eine Tochter des Kastalios nennt, stellt sich zu Θέω. Die doppelte Bedeutung von Θέω „furo, sacra facio" liegt in der Stelle des Pausanias deutlich vor: Οἱ δὲ Κασταλίων τε ἄνδρα αὐτόχθονα καὶ θυγατέρα ἐθέλουσιν αὐτῷ γενέσθαι Θεῖαν (im Texte Θεῖαν) καὶ ἱερᾶσθαί τε τὴν Θεῖαν Διονύσῳ πρῶτον καὶ ὄργια ἄγειν τῷ θεῷ, ἀπὸ ταύτης δὲ καὶ ἕτερον ὅσαι τῷ Διονύσῳ μαίνονται Θυιάδας καλεῖσθαί φασιν ὑπὸ ἀνθρώπων. Dem Gottesdienste des Dionysos ist gerade die ekstatische Begeisterung eigenthümlich, so dass sich in der Θεῖα die beiden Bedeutungen „das Opfern" und „das Rasen" vereinigen. Die Θυιάδες sind auch die Μαινάδες. Bei Hesychius findet sich Θυιάς Βακχή οἱ δὲ Μαινάς, wo die Handschrift Θ!. εαβεχy gibt, so dass M. Schmidt anmerkt: correxi, nisi propter accentum praestat Θυῖα. Dazu würde stimmen, dass Strabo X p. 468 die Θεῖα Dienerinnen des Dionysos nennt. Als Compositum von Θεῖα wird Ζωτίθεια mit „Bergstürmerin" erklärt. Der Name erscheint freilich wenig geeignet für eine Nereide, wie Σ 48. Das Nereidenverzeichnis Σ 39—49 ist schon von den Alten athetirt worden „ὡς Ἡσιόδου ἔχον χαρακτῆρα", und weder im Nereidenverzeichnis des Hesiod Th. 240—264, noch bei Apollodor, 1, 2, 7 findet sich der Name. Pott, der in Kuhns Ztschr. V, 279 die obige Erklärung billigt, citirt aus Hes. Th. 109 das ähnliche πόντος..οἴδματι θέον und erläutert ebd. VIII. 435 den Namen durch „Welle von Winden, die in Gebirgen entstanden, aufgeregt oder zu Wogengebirgen erhoben, wie Ovid Trist. I. 2. 19 sage: me miserum, quanti montes volvuntur aquarum“. Aber diese Erklärungen sind gezwungen, das Natürlichste ist, dass man das Wort mit ἡ ἐν ὄρεσι θέουσα übersetzt. In diesem Sinne passt der Name trefflich auf die Tochter des Königs Erechtheus von Attika, die vom Boreas, „dem Bergwinde“, entführt wurde und die geflügelten Boreaden Zetes und Kalais gebar: nur ist die Ableitung von ὄρος nicht zweifellos. Denn die entsprechende Form ὀρείτροφος Anth. P. IX. 524. 25 ist nach J. Scaliger von Jacobs in den Text aufgenommen. Die Stelle findet sich in einem ὕμνος εἰς Διόνυσον, in welchem in alphabetischer Reihenfolge Epitheta des Gottes zusammengestellt sind. Der betreffende Hexameter lautet in der Handschrift: ὀμβροφόστηρ, ὀρεσσίτροφος, ὀρεσσίλοιπος. In der Anthol. Plan. steht: ὄμβρος, ὀμβρότηρ, ὀρεσίτροφος, ὀρεσίλοιπος, wo mehrere Ausgaben gegen das Metrum ὀρεσίτροφος gehen. Die Form ὀρείτροφος hebt zwar die Schwierigkeit, steht aber ganz allein da. Denn sind die Dehnungen in ὀρεσίλοιπος (nach Brunck ὀρεσίδουπος), ὀλεσίκαρπος, ὀλεσίοικος, ἠερόφοιτις, ἠμαθόεις und ähnlichen Bildungen eingetreten, um die unmittelbare Aufeinanderfolge dreier Kürzen zu vermeiden, so sollte man meinen, dass, wenn in solchen Formen auf andere Weise die Häufung der Kürzen vermieden wird, wieder der ursprüngliche Vocal der Stammsilbe erscheint. Neben ὀρεσίτροφος findet sich ὀρίτροφος, ὀρίφοιτης oder ὀρίφοιτος neben οὐρεσιφοίτης (Anth. P. IX. 524. 16), vgl. ὀρειτέτος und ähnliches, kurz man würde trotz eines ὀρεσίτροφος doch auf ein ὀρίτροφος, und also nicht auf eine Ὀρίθυια, sondern auf eine ὀρίθεια kommen. So bleibt nur der Vergleich mit ἐτώρια übrig, welches sich indessen nach einer anderen Analogie richtet.

Der Name der *Καλλίθυια* (cf. Lobeck Paral. p. 377) ist sicher überliefert bei Eusebius praep. ev. III. 8 aus Plutarch:

Ἔχτορα δὲ Πρίαμος ὁ πρῶτος Ἀργολίδος Ἥρας ἱερὸν εἰσάμενος τὴν ἑαυτοῦ θυγατέρα Καλλίθυιαν ἱέρειαν κατεστήσας ἐκ τῶν περὶ Τίρυνθα δένδρων ὄγχνην τιμῶν ἐκτίμων Ἥρας ἄγαλμα μορφώσας. Die *Καλλίθυια* „die schön Opfernde“ (wie *Καλλιρρόη* die schön Strömende) ist eine treffende Bezeichnung der Priesterin.

Eine getrennte Behandlung bedarf der Name der *Εἰλεί-θυια*. Schon die Alten fassten ihn nicht als ein Compositum mit *θυία* auf, sondern leiteten ihn von der Wurzel *ἐλευθ* ab. cf. Lentz, Herodian II. 499. 24. (ἐκ τῶν Ἡρωδιανοῦ περὶ ὀρθογραφίας. Εἰλείθυια· διὰ τῆς ει διφθόγγου καὶ ἡ πρώτη καὶ ἡ δευτέρα συλλαβή. παρὰ γὰρ τὸ ἐλεύθω τὸ παραγίνομαι γέγονεν. Ἐλεύθυια καὶ Εἰλεύθυια καὶ τροπῇ τοῦ ε εἰς ι Εἰλείθυια. Der Name soll nach Preller I³ 421 das „hülfreiche Kommen der Göttin“ bezeichnen. Wenn ich die Menge der Mittelformen ansehe, welche Benseler in Pape's Wb. der gr. Eigennamen verzeichnet hat, so scheint es mir sehr gewaltsam, *Ἐλεύθυια* und *Ἐλευθώ* von *Εἰλείθυια* und seines Gleichen völlig losreissen zu wollen, wie es Preller thut, überdies ist es auffällig, dass die Geburtsgöttin mit dem vagen Namen der „Kommerin“ angerufen worden sein soll. Nach der Anschauung der Alten war jede Göttin, die um ihre schnelle Hülfe in irgend einer Lage angerufen wurde, eine „Kommerin“. Legerlotz billigt (Kuhns Zeitschr. VIII, 422) die Etymologie der Alten, indem er auch die Formen, wie *Εἰλεί-θυια* auf *ἐλευθ*, *ἐλυθ* (= σελυθ, κσελυθ) zurückführen will unter Vergleichung von *τείχος* und *τεῖχος*, *εἶθαρ* und *εὐθύς*. Aber *τείχος* wird jetzt von *τεῖχος* mit grosser Wahrscheinlichkeit getrennt, und neben *εἶθαρ* kommt bei Homer nur *ἰθύς* und *ἰθύ* vor, ob aber das *ευ* in *εὐθύς* dem *α* in *εἶθαρ* und *ι* in *ἰθύς* ganz gleichwerthig sei, scheint noch nicht ausgemacht zu

sein. Pott in Kuhns Zeitschr. VI. 339 sieht in der Ἐλεθώ
(praesens numen quod succurrit parturientibus) ein Beispiel
der *Umdeutung* von Εἰλείθυια, dor. Ἐλείθυια, in welcher
ächten Form man der Gräcisirung hinten (cf. Endung *υια*)
und vorn (als ob von *ἔλεος* Mitleid) zum Trotz dennoch nur
eine semitische Form, etwa *Alalát* vom Hebräischen *jalad*
„peperit“, zu suchen habe. — Sollten sich aber die Hellenen
den Namen ihrer Geburtsgöttin erst von den Semiten haben
holen müssen? Sicherlich ist eine einheimische Entstehung
dieses Namens vorzuziehen, wenn sie irgend wie wahrscheinlich gemacht werden kann. Was für eine Anschauung vom
Wesen der Εἰλείθυια gibt uns der älteste Gewährsmann,
Homer? Ein Blick auf die homerischen Stellen zeigt, dass die
Εἰλείθυια nur die personificirten „Wehen“ sind, unter denen
die Frau gebiert. Von der letzten Wehe, welche das Kind zu
Tage bringt, heisst es *Π* 187 μογοστόκος εἰλείθυια ἐξάγαγε
πρὸ φόωσδε „die mit Mühsal gebärende Wehe führte ihn ans
Licht“ und *Τ* 103 μογοστόκος εἰλείθυια ἐκφανεῖ. Daher
hatte „die Wehe“ eine heilige Grotte zu Amnisos auf Creta
τ 188. Während des Gebärens treten sie in der Mehrzahl
auf: *Λ* 26 ff. ὡς δ᾽ ὅτ᾽ ἂν ὠδίνουσαν ἔχῃ βέλος ὀξὺ γυναῖκα
δριμύ, τό τε προϊεῖσι μογοστόκοι εἰλείθυιαι, Ἥρης θυγατέρες
πικρὰς ὠδῖνας ἔχουσαι, ὣς ὀξεῖ᾽ ὀδύνα δῦνεν μένος Ἀτρεΐ-
δαο. *Τ* 119 wird von der Here gesagt: Ἀλκμήνης δ᾽ ἀνέ-
παυσε τόκον, σχέθε δ᾽ εἰλειθυίας. Wie aber die Εἰλείθυια
Töchter der Hera heissen, so hatte diese selbst den Beinamen
als die Helferin der Frauen in Kindesnöthen und sie theilte
diesen Namen besonders mit der Mondgöttin Artemis. Diesem
Schwanken der Auffassung gibt auch die Glosse des Hesychius
Ausdruck: Εἰλείθυια· ἔστι μὲν τὰς θεάς, ἔστι δὲ τὰς
ὠδῖνας ὁ ποιητής δὲ ἐπικὸς Ἥρα ἐν Ἄργει. Preller (Ι³ 421)
leitet die Form Εἰλείθυια von den Verbis εἴλω, εἰλέω, εἰλέω
ab, allein von diesen allen zugleich kann man das Wort

nicht ableiten wollen (cf. Curtius Grundz.¹ 361). Ich entscheide mich für ἐλέω, winde, krümme, denn die mannig-
faltigen Varianten des Namens lassen sich auf ἐλέω zurückführen. Es ist längst erkannt, dass der in ἐλέω, *colvo*, goth.
valrjan sichtbare Endlaut für *v* steht und eine verkümmerte
Reduplication ist. Wie sich nun μνέθω zu μνέω stellt, so
würde sich zu ἐλέω ein ἐλέθαι stellen. (vergl. die ähnlichen
Bildungen bei Curtius Grundz.¹ S. 65. 66.). Die Steigerung
des Anlautes zu *u* kann nicht auffallen, schon wenn man
εἰλέω vergleicht. Von ἐλέθαι, εἰλέθαι ist Εἰλέθνια dieselbe
Bildung, wie von εἴθω εἴθεια. Nun hat zwar der Name bei
Ross, Dem. Att. 164 die Endung *υια*, aber darin kann man
eine auf Analogie der Eigennamen auf *υια* beruhende Variante des Wortes erblicken. Die Glosse des Hesychius εἰλέον-
τας· στρέφοντας macht es wahrscheinlich, dass neben ἐλέω
die Form εἰλέω = εἴλέω, ἐλέω vorkam, von hier aus erklären sich die Formen: Ἐλέθεια, Ἐλέθνα, Ἐλεθός und mit
Hülfe der Mittelform Ἐλεϝέθεια oder Εἰλεϝέθνια· Ἐλεί-
θυιη, Ἐλείθεια, Εἰλείθεια, Εἰλείθιη und Εἰλείθνια, (cf.
φυϝέθω, Ἐλεϝέθεια neben Εἰλείθεια wie φϝῖθρον neben
φϝέλα. Ferner wie aus βασίλευα βασίλῃα βασίλῆε wurde,
so konnten sich aus Ἐλεϝέθεος, Ἐλῃέθεος, ἐλήθεος die Formen
Ἐλῃθύιη, Ἐλήθεια, Εἰλήθεια, Εἰλήθεια ¹) entwickeln. Selbst
die Formen Ἰλείθεια, Ἰλέθεια, Ἰλέθνια, Ἰλεϝέθια ²) bleiben
nicht ohne Analogon, denn auch ἵλλος, ἡ ἴλυγξ der Wirbel,
und ὁ ἴλιγγος das Drehen (das Bauchgrimmen), werden auf
die Wurzel ϝελ zurückgeführt. Ich glaube also, in der naiven
Anschauung eines Naturvolkes bezeichneten αἱ εἰλείθυια
ὠδῖνες die zusammenziehenden, krümmenden Schmerzen der

---

¹) Zu den Formen auf *υια* lässt sich das Dorische ἰατρεϝία
neben ἰατρεία vergleichen.
²) Usener, Rhein. Mus. 23, 352 f.

Mutter, die Wehen der Geburt, durch welche das Kind recht eigentlich ans Licht der Welt hervor „gewunden" wird, die Personification dieser εἰληθυια stellte sich dann von selbst ein. Ist dies richtig, so tritt diese Form unmittelbar neben Ἄρτεμα. Mit „Kreiszerin" lässt sich das Wort nicht übersetzen, da in unserm *kreiszen, kreisten* nur der Begriff des Schreiens liegt und erst spät dieses *kreiszen* mit *kreisen* verwechselt worden ist. Auch darauf ist zu achten, dass ϑ gerade in einigen Perfectbildungen als Zulaut erscheint: ἐγρηγόρ-ϑ-ασι *K* 419 und ἐ-φϑό-ϑατε *A* 35. (cf. Curtius, Grundz. a. a. O.) — Ich knüpfe an diese Auseinandersetzung noch eine Vermuthung über Ἀφϑτεα[1]). Ist die Ableitung der Εἰληθυια von ἐλέω richtig, so kann Ἀφϑτεα durch die gleichen Mittelformen abgeleitet sein von ὠρέω oder ὠρόομαι. Dann bezeichnet Ἀφϑτεα die dumpfbrausende Woge, wie ὠρῶον ζεῦμα in der Anthol. 14, 31, 2 wirklich vorkommt. Als solche würde sie recht eigentlich die Tochter des Ἔρεχϑεύς sein, insofern dieser als eine Vermenschlichung des Ποσειδῶν Ἐρεχϑεύς gelten kann, der das ruhige Meer aufreisst und erschüttert. Auch ihre Entführung vom Βορέας entspräche dieser schönen Symbolik, und die Stelle des Homer Σ 48, in der uns jedenfalls eine alte Ueberlieferung erhalten ist, würde zu Recht bestehen bleiben.

Noch bleibt μητρυιά übrig. Bopp (vergl. Gr. III, 358) stellt *pitr-vŷ-s* (Vaters Bruder) zu πατρυιός Stiefvater, und erschliesst als Analogon zu μητρυιά ein *mâtr̥-yâ*. Das e soll im Sanskrit und im Griechischen nicht zum Suffix gehört haben, sondern πατρυ-ιός, μητρυ-ιά aus πατερο-ιός und μητρο-ιά entstanden sein. Allerdings kommt dialectisch ein ἑκπάτερος vor, aber der Grund der obigen Metathesis ist nicht abzusehen. Es

---

[1]) Usener's Ableitung von *ὠρί ϑειν, da weilen, einer secundären Form zu ὄρεεια, hat mich wegen der lautlichen Schwierigkeiten nicht überzeugt.

ist wohl bei der Erklärung von πετρωτός und μητρυιά auszugehen von den Bildungen ἰδέω und ἰδεῖοι. Wie diese Formen aus
ειδ-εο-ε und ειδ-εο-ιο-ε hervorgegangen sind, so lässt sich μητρυιά auf ein μητρ-εο-ιά, πετρωτός auf ein πατρ-εο-τός zurückführen. Es sind also hier die beiden Suffixe uo und io vereinigt. Hierin weiche ich von Brugman, de gr. linguae pro-
ductione suppl. (Curtius St. IV. 162) ab, der aus οιο ohne
weiteres ιο entstehen lässt, da mir für diesen Uebergang die
Belege zu fehlen scheinen. Während nun in μητρυιά das
Suffix ιο unmittelbar an den Stamm trat, ist dies in ähnlichen Bildungen mit Einschub des Hülfsvocals o geschehen.
So wird erklärt πετρωός aus πατρ-οιο-ς, γελῶος aus γελ-
όιο-ς und endlich nach Abwerfung des dem ς folgenden o
πέτρος (patruus = patronos) aus πάτρος-ς, μήτρος aus
μήτρος-ς, und ebenso erklären sich die Adjectiva μητρῷος
und πετρῷος aus μητρώς-ιος und πετρώς-ιος. Demnach
haben wir in μητρυιά, μητρωτός nur eine Variante von μητρῷος. Das Wort μητρυιά (E 389, N 697, O 336) entstand
vielleicht in einer Zeit, in der die Stiefmutter wirklich aus
der Zahl der μήτρος-ς, aus den mütterlichen Verwandten, gewählt wurde.

Das Ergebnis der vorstehenden Untersuchung ist, dass in
ὀργιά, αἴθεια (Καλλιαίθεια), Ἄρτεια, Εἰλαίθεια, Ἴδεια, ὄργεια,
vielleicht auch in Φράϊθεια alte Participialbildungen des
starken Perfects vorliegen, welche in Substantiva übergegangen sind, dass ferner μεια und κενέργεια, θεια mit Καλλι-
θεια zu den Wurzelnominibus auf ιά gehören, dass endlich
μητρυιά als eine denominative Bildung auf ιά erscheint.

DIE DORISCHEN
FUTUR- UND AORISTBILDUNGEN DER
ABGELEITETEN VERBA AUF -ΖΩ.

Von

PAUL CAUER.

DANZIG.

Immer mehr bricht sich in der neueren Sprachwissenschaft die Erkenntnis Bahn, dass ein Wirken der Analogie, deren Begriff wir ja als einen technischen aus dem Altertum überkommen haben, in vielen Fällen in einem ganz anderen Sinne stattgefunden hat, als in dem Aristarch es verstand und verteidigte. Wir sehen, wie die Sprache namentlich jüngere Bildungen oft nach der Analogie solcher älteren gestaltet, die jenen nicht völlig gleich oder innerlich verwandt sind, sondern nur wegen einer äusseren, lautlichen Aehnlichkeit zum Vorbilde für sie genommen werden. Die Zahl der Erscheinungen, für die das Wirken „falscher Analogie" als Erklärung einer Anomalie allgemein angenommen oder wenigstens von einzelnen Forschern behauptet wird, mehrt sich fast von Jahr zu Jahr. Und wirklich liegt überall die Versuchung sehr nahe, da, wo man eine organische Erklärung einer auffallenden Bildungsweise nicht gleich finden kann, zu dem bequemen Auskunftsmittel der falschen Analogie zu greifen.

Dieser Gedanke ist u. a. in einer Anmerkung in den „Grundzügen" (s. 599 f.) ausgesprochen, die mir der Ausgangspunct für die nachfolgende Untersuchung geworden ist. Curtius handelt dort von den dorischen Futur- und Aoristbildungen der abgeleiteten Verba auf -ζω, deren ξ er organisch aus $j + \sigma$ erklärt, und erwähnt eine abweichende Ansicht darüber unter dem Texte mit diesen Worten: „Mehrere „jüngere Gelehrte[1]) sind jetzt sehr geneigt diese wie andre

---

[1]) Dies bezieht sich wol nur auf mündlich geäusserte Ansichten; wenigstens habe ich eine, wenn auch nur kurze, Behandlung meines

9

„ähnliche Erscheinungen aus blosser „„falscher Analogie""
„(alias ‚Formübertragung') zu erklären. Soll die Analogie
„nicht ein grosser Sack werden, in den man alles steckt, was
„man nicht zu erklären vermag, so muss man es streng damit
„nehmen. Es möchte in diesem Falle sehr schwer sein aus
„der homerischen Sprache Verba mit wurzelhaftem Guttural
„nachzuweisen, denen die oben angeführten nachgebildet sein
„könnten."

Ich glaube, man darf aus dem letzten Satze dieser Anmerkung die Aufforderung entnehmen, den bisher noch nicht
gelieferten Nachweis jener Verba mit wurzelhaftem Guttural
wenigstens zu versuchen, was natürlich für die von Curtius
bestrittene Ansicht nur dann die Kraft eines Wahrscheinlich-
keitsbeweises haben kann, wenn seiner eigenen Erklärung
directe Bedenken entgegenstehen. Deren hat Hugo Weber
in einer Recension der ersten Auflage des zweiten Teiles der
„Grundzüge" (Ztschr. f. Gymn. 1864, p. 124) geltend gemacht,
ohne grossen Erfolg, wie mir aus der Replik von Curtius
(Grdz. 598 ff. hervorzugehen scheint. H. Weber bestreitet
überhaupt die Möglichkeit der Verdickung eines *j* zu *γ* und
will als Beweis für dieselbe die von Curtius angeführten
Glossen *θίσγοι* und *έγοργος* (zu denen in den späteren Auf-
lagen neue Beispiele hinzugekommen sind) nicht gelten lassen,
weil diese Wörter etymologisch nicht klar seien. Dieser Grund
wird von Curtius a. O. zurückgewiesen. Ich glaube aber, dass
damit für die Frage, die uns hier speciell beschäftigt, noch
kein unbedingtes Kriterium gewonnen ist; denn in allen von
Curtius angeführten Formen, die *γ* für *j* zeigen, steht dieser
Laut vor einem Vocal, während ihm in der Futur- und Aoristbildung der Verba auf -*ζω* (statt -*jω*) ein Consonant folgen

Gegenstandes in dem bezeichneten Sinne in der einschlägigen Literatur nicht gefunden.

würde. Dieser Unterschied ist doch vielleicht nicht ohne Bedeutung; vielmehr scheint mir die allmälige Verdickung eines *j* zu *γ* zwischen zwei Vocalen, wie im kypr. *θίαγον* neben ion. *θείμοr*, heracl. *ποτιχλείγονσα* neben gemeingriechischem *χλαίω*, viel eher angenommen werden zu können als vor *σ*, wie in *διχαj-σω*, das zu *διχαξῶ* geworden sein soll. H. Weber's Einwand freilich gegen den letztgenannten Lautübergang ist nicht durchschlagend. Er meint, in der Zeit, in der *j* im Praesens noch rein gehört worden sei, habe es auch im Futurum nicht zu *γ* werden können, weil man noch die entsprechende Reinheit auch in allen übrigen Lauten festgehalten habe und aus dem Sanskrit z. B. der Uebergang eines *i* oder *j* unter ähnlichen Verhältnissen, oder z. B. vor *s*, nicht vorkomme. Dies Letzte namentlich beweist gar nichts; aber auch das vorhergehende principielle Bedenken wiegt nicht schwer. *j* konnte sehr wol, wenn es durch die zusammensetzende Tempusbildung mit Lauten in Berührung kam, die vorher nicht neben ihm standen [2]), Modificationen irgend welcher Art erleiden. Ich möchte dabei nur nicht gerade die

---

[2]) Ich habe im Texte auf die Frage keine Rücksicht genommen, ob von vorn herein *j* vor *σ* zu stehen kam, oder ob ursprünglich ein *s* dazwischenstand. Ich glaube aber, dass die von Schleicher, Benfey u. a. vertretene Ansicht, die Futurendung sei in ältester Zeit *-σjω*, *-σω* gewesen mit Erhaltung des vocalischen Anlautes der Wurzel des verbum substantivum, hier übergangen werden konnte nach der ausführlichen Widerlegung, die sie durch Leskien (Stud. II. 79 f.) gefunden hat, und namentlich auch deshalb, weil Curtius ihr nie zugestimmt hat. Für mein Thema käme sie allerdings in so fern in Betracht, als die Annahme einer organischen Entwickelung von *διχαj-σσω* zu *διχαj-σω* und von da zu *διχαξῶ* nicht möglich wäre, da man nicht glauben kann, dass die griechische Sprache durch Ausstossung des von Alters her vorhandenen *s* zwischen *j* und *σ* sich freiwillig eine unerträgliche Lautgruppe geschaffen habe. Aber ich kann hier nur mit Schlussfolgerungen operiren, die sich

Verwandlung in einen gutturalen Explosivlaut vor σ für wahrscheinlich halten[3]). Man müsste dann doch erwarten, dass *j*
auch vor anderen Consonanten in der Tempus- und Wortbildung sich verhärtete, dass also Bildungen wie *ἐδιχάχθην,
*διχαχτός im dorischen Dialekt so gut herrschend wären als
διχαξῶ, ἐδίχαξα. Das ist aber nicht der Fall. Die wenigen
Beispiele der Art hat Ahrens dial. Dor. 92 f. gesammelt,
wo er selbst sagt, sie machten eine Ausnahme von der gewöhnlichen Bildungsweise und seien aus den Aorist- und
Futurformen mit ξ (deren Auffassung bei Ahrens schon dieselbe ist wie die von Curtius) durch Annahme falscher Analogie zu erklären. Man entgeht ihr also doch nicht, auch
wenn man Curtius' Ansicht über die ξ-Bildungen folgt. Freilich wäre diese von Ahrens angenommene Analogie immer
nur innerhalb des Formencomplexes eines einzelnen Verbums tätig gewesen; sie ist also ihrem Ursprunge nach
und hinsichtlich des Vorbildes, nach dem sie wirkte, zunächst

auf dem Boden der von Curtius immer fest gehaltenen Grundanschau-
ungen bewegen, und darf nicht eine vollständig gesonderte und viel
tiefer greifende Frage der indogermanischen Sprachgeschichte von
ihm abweichend beurteilen, nur um für die vorliegende Specialunter-
suchung ein Argument mehr zu gewinnen.

[3]) Andere Möglichkeiten für die Umwandlung der Lautgruppe
jo gab es mehrere. Curtius stellt dem Zusammenwachsen in ξ einmal den Ausfall des *j* gegenüber, also διχάωσι (Grundz. 599), dann
spricht er weiter unten (p. 600) von einer Assimilation des *j* an σ,
ohne aber ein Beispiel anzuführen, das sich auch vielleicht schwer
wird finden lassen. Man könnte wol noch an Ersatzdehnung denken,
wie sie bei den sogenannten verbis contractis stattgefunden hat:
*φιλεj-ωσι, φιλέωσι. Denn dass die zusammengesetzten Verbalformen
gerade erst in der Zeit gebildet worden seien, in der *j* geschwunden
war und durchgängige Dehnung des vorhergehenden Vocals bewirkt
hatte, wird man nicht annehmen wollen. Auf den tatsächlichen
Vorgang, wie ich ihn mir für die Verba auf ξω denke, komme ich
weiter unten zurück.

fassbarer als diejenige, um die es sich bei meiner Untersuchung handelt. Ich glaube aber, dass sich auch für die
letztere das Material vergleichbarer Bildungen, von dem das
Sprachgefühl ausging, und die Principien, nach denen es
unbewusst wirkte, in ein hinreichend klares Licht werden
stellen lassen, so dass wir von der gesammten Entwickelung
der zusammengesetzten Tempusbildung der Verba auf -ζω ein
deutliches Bild gewinnen. Vorläufig kam es mir jedoch nur
darauf an zu zeigen, dass der von Curtius ausgeführten Ansicht gegenüber lautliche Schwierigkeiten überhaupt geltend
gemacht werden können, dass also eine erneute sorgfältige
Betrachtung der ganzen Frage nicht überflüssig ist. Wie ich
mich positiv zu jenen Schwierigkeiten stellen und wie ich
sonst über jeden einzelnen Punct urteilen möchte, das wird
sich erst am Schlusse der ganzen Untersuchung klar darlegen
lassen, nachdem ausreichendes Material zum Beweise zusammen-
gebracht und genau geprüft ist.

Die erste Aufgabe dabei ist es nun, eine genügende Anzahl von Verben auf -ζω mit wurzelhaftem Guttural aus der
älteren, d. h. also zunächst aus der homerischen Sprache nachzuweisen, nach deren Analogie das ξ im Futurum und schwachen
Aorist auch in die Flexion der abgeleiteten Verba auf -ζω eingedrungen sein kann. Vorher aber muss noch eine kleine
Verschiebung der beiden Kategorien ihrem Inhalte nach vor-
genommen werden. Zu den abgeleiteten Verben zählen wir
auch solche wie ἁρπάζω, μαστίζω, die von Nominalstämmen
mit auslautendem Consonanten durch Anfügung des ursprünglichen Suffixes ja abgeleitet sind. Leo Meyer macht im
2. Bande seiner „vergleichenden Grammatik der griechischen
und lateinischen Sprache" p. 45 ff. den Versuch, für alle in
der älteren Sprache vorkommenden Verba auf -ζω consonan-
tisch auslautende Nominalstämme als Zwischenstufe zwischen
Wurzel und denominativem Verbum teils nachzuweisen teils

wenigstens zu behaupten. Dass er mit dem letzteren vielfach oder fast immer zu weit gegangen ist, wird jeder leicht
erkennen, der z. B. nur das auf p. 53 gegebene Verzeichnis
aller derjenigen homerischen Verba auf -ίζω ansieht, neben
denen zu Grunde liegende Nominalformen auf δ sich nur mut-
massen lassen." Nicht nur sind dies bei weitem die meisten
aller hergehörigen Verba (56 von 67 Verbis auf -ίζω), sondern
man weiss auch bei vielen gar keine passende Bedeutung zu
erschliessen, die sich zwischen die der Wurzel oder des durch
einfaches a-Suffix gebildeten Nomens und die des Verbums
einschalten liesse. In solcher Verlegenheit befindet man sich
ohne Zweifel gegenüber Wörtern wie ἐχοντίζω, οἰνίζεσθαι,
καχίζω, in einer Verlegenheit, die Leo Meyer wenigstens
hätte fühlen sollen, selbst wenn er nicht die Absicht hatte sie
fortzuschaffen. Aber auch für einen Teil derjenigen Verba,
für die er Nominalstämme mit gutturalem oder dentalem Auslaut noch glaubt nachweisen zu können, steht seine Ansicht
auf schwachen Füssen, wie Curtius Grundz. p. 612 f. gezeigt
hat. Trotzdem bleibt eine Gruppe solcher Verba bestehen,
deren ζ nicht aus j mit vorgeschlagenem δ entstanden ist,
sondern einen ursprünglichen weichen Explosivlaut vor dem j
enthält. Diese Verba sind für die uns hier vorliegende Frage
offenbar mit den primitiven in eine Kategorie zu stellen;
d. h. die Alternative: Entstehung von ζ aus j + δ oder Wirken
falscher Analogie, gilt für sie nicht, vielmehr vergrössern sie,
insofern in ihrem ζ ein ursprüngliches γ steckt, die Zahl der
Verba, nach deren Analogie ζ in die Flexion der durch das
Suffix aja abgeleiteten eingedrungen sein kann, und die ich
in nachfolgendem Verzeichnis zusammenstelle.

I. Primitive Verba auf -ζω mit gutturalem Wur-
    zelauslaut in der homerischen Sprache.[4])

1. βάζω, Ι 58. βέβακται, θ 408.

2. βοίζω, Λ 223. ἐποβοίζαντες, ι 151.

3. κλάζω, Π 429. ἔκλαγξε. Λ 46. ἔκλαγον hymn.
19, 14. κεκληγώς, Β 222. Λ 168 u. ö. κεκλήγοντες
Μ 125 u. ö.

4. (κράζω). ἀνέκραγον, ξ 467.

5. (κρίζω). κρίκε, Π 470.

6. (λίζω). λίγξε, Δ 125.

7. πλάζω, Β 132 u. ö. πλάγξε, ω 307. περίπλαγχθη,
ε 81. πεφιπλήγξας, τ 187 etc. etc.

8. ῥίζω, Β 400 u. ö. ῥίξω, λ 31. ἔῤῥιξε, Ι 536 u. ö.
ἔῤῥιξε, Ι 453 u. ö. ῥαχθέν, Ι 259 u. ö. ἄῤῥικτος,
Τ 150.

9. (στάζω). στάξε, Τ 39. 354. ἐνέστακται, β 271.

10. σφάζω, δ 320 u. ö. ἔσφαξε, β 422. ἔσφαγμαι,
κ 532 u. ö.

11. τρίζω, ω 5. τετρίγα, Ψ 714. τετριγῶτας, Β 314.
τετριγυῖα, Ψ 101 u. ö.

Für diese 11 Verba wird eine guttural auslautende Wurzel
von Curtius mit Bestimmtheit angenommen, für viele auch in
den „Grundzügen“ oder an der citirten Stelle im „Verbum“
durch Vergleichungen aus den verwandten Sprachen ausdrücklich belegt, was hier nicht wiederholt zu werden braucht.
Dasselbe gilt von

12. (ἐλελίζω) „erschüttere“. Praes. hymn. 28, 9. ἐλέ-
λιξε, Λ 530 u. ö. ἐλέλικτο, Ν 558. ἐλελίχθην, Ε
497 u. ö.

Dies Verbum nimmt durch seine reduplicirte Form eine
gesonderte Stellung ein, mit Rücksicht auf welche es Verb.
323 f. im Anschluss an eine von Fick gegebene Erklärung
besprochen wird. Curtius unterscheidet daneben noch zwei

---

¹) Diese Gruppe gebe ich naturgemäss im Wesentlichen nach
der Zusammenstellung von Curtius. Verbum p. 319 ff. Die bei Homer
nicht belegten Praesensformen sind eingeklammert.

gleichlautende Worte, von denen das eine ein Schallverbum
und denominativ, das andere aber mit ἐλίσσω verwandt und
gleichbedeutend ist. Das letztere wirft man meist mit ἐλελίζω „erschüttere" zusammen und sucht die Bedeutungen „sich
wälzen, sich schlängeln" und „erzittern machen" an die Grund-
vorstellung des „im Kreise umschwingen's" anzuschliessen, nicht
ohne eine gewisse Schwierigkeit.' Die von Curtius vorge-
nommene Trennung ist daher gewiss festzuhalten, und wir gewinnen also ein neues Verbum mit guttural auslautendem
Stamme, das ich zu den unten zu besprechenden Bildungen
dieser Art stelle. —

Hier lassen sich am besten wol noch zwei Verba anschliessen, deren Hergehörigkeit nicht so sicher ist wie die
der bisher angeführten Beispiele, nämlich

13. (μύζω) „stöhne, brumme", wovon bei Homer ἐπέμυξαν,
Δ 20, Θ 457, beide Male in demselben Verse. Formen mit ξ
finden sich auch in der übrigen Graecität, und das lateinische
mugio stimmt vortrefflich dazu (vgl. Grundz. 338). Abweichend
gebildet ist nur ἔμυσε, Hippocr. III, 546 K. und μύσας, Plut.
Pomp. 60. Aber es ist wol nicht nötig um dieser Formen
willen den Stamm des Verbums für unentschieden zu erklären,
wie Curtius Verb. 322 will. Das auffallende σ beruht vielmehr auf einer Bildung nach Analogie der Verba auf -ζω mit
dental auslautenden Wurzeln oder Stämmen, einer Analogie,
die in dem nicht dorischen Griechisch eine ganze Anzahl
falsch gebildeter Formen hervorgerufen hat, wie ich weiter
unten zeigen werde. Für mich hat es daher kein Bedenken
μύζω zu denjenigen Verbis auf -ζω mit gutturalem Stamme
zu zählen, für die derselbe schon aus der homerischen Sprache
nachgewiesen werden kann.

14. (βύζω) „heule", dessen guttural anlautende Wurzel
zwar von Curtius Verb. 319 nicht bezweifelt, vielmehr aus
dem bei Dio Cassius vorkommenden ἔβυξε erschlossen wird,

das aber bei Homer durch keine einzige Verbalform belegt
ist. Nur βέκτης in βέκται ἕτεροι (z 20) hat die Wurzel des
Verbums erhalten.

II. Verba auf -ζω, die von guttural auslautenden
Nominalstämmen abgeleitet sind, mit Belegen
aus der homerischen Sprache.

Für diese Gruppe kann es mir natürlich nicht einfallen
alle Verba zusammenzustellen, neben denen sich ein Nominalstamm mit allenfalls verwandter Bedeutung finden lässt, noch
weniger alle die, für welche Leo Meyer a. O. einen solchen
ansetzt; ich muss mich vielmehr (mit geringen Ausnahmen)
an diejenigen Fälle halten, in denen Curtius selbst die Ableitung von einem Nominalstamme für wahrscheinlicher hält
als die von der Wurzel. Er spricht darüber im Zusammenhange Grundz. 604, wo die Fälle gesammelt sind, in denen ζ
sich aus γ + j entwickelt hat. Ausser den von mir in der
ersten Gruppe verwerteten primitiven Verben wird dort aufgeführt und lässt sich aus Homer mit ζ-Bildungen belegen:

1. (σαλπίζω), dessen Ursprung deutlich ist. In Betreff
der Nasalirung des Gutturals stehen diesem Verbum von
denen der ersten Gruppe κλάζω und πλάζω zur Seite. Bei
Homer finden sich: σάλπιγξ', Φ 388, σάλπιγξεν Batr. 200.

Die übrigen hergehörigen Verba sind von Curtius a. O.
nicht zusammengestellt, werden aber in anderem Zusammenhange an verschiedenen Stellen der „Grundzüge" besprochen
und von guttural auslautenden Nominalstämmen abgeleitet.

2. ἁρπάζω, E 556, ἁρπάξω, X 310, ἥρπαζε, M 305
u. ö. Daneben freilich Formen mit σ: ἥρπασα, N 528 u. ö.
Die letztere Bildungsweise ist in der attischen Sprache die
herrschende geworden und gehört offenbar zu den Wirkungen
der bei μέζω erwähnten falschen Analogie. Für die Ansetzung
eines alten Nominal- und Verbalstammes ἁρπαγ- spricht hier
namentlich die dem griechischen ἅρπαξ vollständig ent-

sprechende lateinische Form *rapax*. γ beruht auf Erweichung
aus graecoitalischem k. vgl. Grundz. 264. 522.

3. (ἐλελίζω), in medialen Formen in der Bedeutung
„sich winden, schlängeln" (Verb. 324). Das Praesens scheint
in dieser Bedeutung überhaupt nicht vorzukommen. Von
anderen Formen finden sich bei Homer: ἐλελιζόμενος, B 316,
ἐλέλικτο, A 39, beide Male von einer Schlange gesagt. Der
gutturale Auslaut des von der Wurzel ϝελ gebildeten Stammes
erscheint auch in ἕλιξ, ἑλίσσω (vgl. Grundz. 361), freilich als
z, so dass hier wieder eine Erweichung des ursprünglich
harten Lautes angenommen werden muss, um ἐλελίζω zu erklären.

4. (μαστίζω). Davon bei Homer nur μάστιξεν Ἰliad,
meist in der Formel μάστιξεν δ' ἐλάαν, E 366 etc. Die
Etymologie des Wortes bespricht Curtius Grundz. 396 f., wo
er μαστίζω zu μάστιξ stellt als von demselben Stamme gebildet. Die epische Nebenform μαστίω könnte dafür zu
sprechen scheinen, dass ζ in μαστίζω aus einfachem j entstanden wäre; es ist aber, wie Curtius Grundz. 524 angibt, ein
doppelter Stamm, μαστι und μαστιγ, anzunehmen.

5. ὀλολύζω, χ 411, ὀλόλυξε, γ 450, δ 767, ὀλόλυξα,
χ 408. Curtius stellt Verb. 324 ὀλολύζω mit ἐλελίζω und
ἐλελίζω zusammen und sagt, ζ sei in diesen drei Verben ab-
leitend. Grundz. 374 findet sich dagegen ὀλολύζω unter den
zum Stamme ὀλολυγ gehörigen Wörtern aufgeführt. Und es
ist wol besser an dieser Auffassung festzuhalten, da auch in
der Nominalbildung das γ meist hervortritt (ὀλολυγή, ὀλο-
λυγμός etc.), und da es keine Schwierigkeiten hat einen durch
γ erweiterten Stamm anzusetzen neben dem reinen ὀλολυ, der
in dem aus den Komikern angeführten ὀλολυς erscheint und
einen durchaus entsprechenden in den lateinischen Wörtern
ulula, *ululare* hat. ὀλολυγ steht neben ὀλολυ wie μαστιγ
neben μαστι.

6. (στηρίζω). (ἐ)στήριξα, A 443 u. ö. στηρίζεσθαι
Φ 442. ἐστήρικτο Η 111.   Curtius stellt Grundz. 213 dies
Verbum hinter στῆρ-ιγξ „Stütze“ und deutet damit an, dass
es von dessen Stamme abgeleitet sei. Dies ist auch gerade
hier mit Notwendigkeit anzunehmen, da die Bedeutung von
στηρίζω sich auf anderem Wege mit der der Wurzel στερ
nicht gut vermitteln lässt.

7. (οἰμώζω). Das Praesens Epigr. 14. 20. ᾤμωξα Η
125 u. ö. in verschiedenen Formen. Der Guttural scheint
mir hier durch die Nominalformen οἰμωγή (schon bei Homer
oft), οἰμωγμός erwiesen zu werden. Curtius stellt freilich
Verb. 337 οἰμώζω zu den Schallverben, deren ζ rein denominativ ist; aber unter ihnen führt er auch ἰΰζω an, für das
er selber in den „Grundzügen“ einen guttural auslautenden
Stamm angesetzt hat (s. unten). Mit demselben Rechte darf
wol auch οἰμώζω auf Grund jener Nominalformen von anderen
Schallverben, wie ἀλαλάζω, αἰάζω, getrennt werden.

5. ἀλαπάζω, M 67 u. ö. ἀλαπάζω, B 367 u. ö. ἀλά-
παξα, A 750 u. ö. Curtius bespricht die Etymologie dieses
Verbums nicht, verwendet aber Grundz. 636 den Stamm
desselben, ἀλαπαδj, um aus ihm das Adiectivum ἀλαπαδνός
zu erklären, in dem δ aus j entstanden sei. Dieser Auffassung gegenüber verdient doch vielleicht die von Fick den
Vorzug, der in seinem „vergleichenden Wörterbuch“[2] p. 17
ἀλαπάζω und λαπάσσω mit skt. alpaka-s „gering, schwach“
zusammenstellt. Namentlich die wol ziemlich augenschein-
liche Verwandtschaft von ἀλαπάζω und λαπάσσω spricht für
diese Combination. Der Guttural ist danach in *ἀλαπαγ-jω
erweicht, in ἀλαπαδνός in das dentale Organ übergegangen,
ähnlich wie in kret. ἀδρόν = ἀγρόν u. a., worüber Curtius
Grundz. 695 handelt.

Ich schliesse hier noch zwei Worte an, für welche die
Existenz eines guttural auslautenden Stammes gleichfalls nicht

zu bezweifeln ist, aus der homerischen Sprache aber nur durch
Nominalformen belegt werden kann:

9. *λέζω*. P 66, ο 162 (späteres Futurum *λέξω*). *λεχμός*,
bei Homer nur Σ 572. — Grundz. 572 setzt Curtius als
Stamm *λεχ* an, der unser Verbum und die verwandten oder
abgeleiteten nominalen Bildungen (*λεχή*, *λεχμός*) mit *βρεχ* und
Βεχος vermittelt. Jedenfalls also steckt in dem ζ von *λέζω*
ein alter Gutturallaut.

10. *φορμίζω*. Das Vorkommen von *φόρμιγξ* in verschiedenen Casus braucht durch Citate natürlich nicht belegt
zu werden, ebenso wenig wie das Verhältnis des Verbums
zum Nomen einer Erläuterung bedarf. Zu erwähnen ist nur,
dass das Futurum später auf -ίσω gebildet wird, während in
dem dorischen *φορμιξῶ* der k-Laut sich erhalten hat.

Hiermit wäre die Zahl der bei Homer vorkommenden und
als solche belegbaren Verba auf -ζω mit guttural auslautenden Stämmen erschöpft, falls nicht das eine oder andere mir
beim Suchen entgangen ist. Durch eine weitere Ausdehnung
des Begriffes der älteren Sprache hätte sich die Menge der
einzelnen Beispiele und auch die der Verba überhaupt an
manchen Stellen wol vermehren lassen, und es ist im Grunde
nicht einzusehen, warum eine bei Hesiod oder einem alten
Elegiker vorkommende Form nicht mit zu unserem Beweis-
material sollte geschlagen werden können. Vorsicht wäre dabei natürlich geboten. Man würde nur die Wörter neu herau-
ziehen, denen man nach ihrer Etymologie und Bedeutung ein
höheres Alter zutrauen darf, als sie zufällig beweisen können.
Aber solche gibt es doch, wie z. B. *στιράζω* mit seinen
freilich erst bei den Tragikern belegbaren Formen *στιράξω*,
ἐστίραξα, die bei Homer einfach des Metrums wegen nicht
vorkommen können, während *στιράζω*, *στιραγίζω*, die den
ursprünglichen Guttural auch zeigen, häufig begegnen, ferner
στίζω, wovon *στίξω* und *ἔστιξα* auch erst in der neuionischen

und attischen Graecität geläufig sind. Man wird gewiss annehmen dürfen, dass Verba dieser Art, die nicht gerade den Eindruck junger Bildungen machen, mit ihren Conjugationsformen auf die frühzeitige Irreleitung des Sprachgefühls durch falsche Analogie ebenso gut eingewirkt haben können, wie die aus der homerischen Sprache oben gesammelten Beispiele. Doch wir sind einmal gewohnt den Formen- und Wörterschatz der homerischen Gedichte trotz des nicht gar so grossen Zeitabstandes allen übrigen griechischen Sprachdenkmalen als ein unverhältnismässig viel älteres gegenüberzustellen und gesondert für sich zu betrachten. Und in der Tat bedarf es hier zur Sicherung des methodischen Forschens einer auch äusserlich markirten Grenze, damit nicht subjective Willkür die Klarheit der Argumentation zerstöre, wie das z. B. bei der Entscheidung darüber, ob man ein Wort seiner Natur nach für älter halten könne als die Sprachperiode, aus der es zuerst belegt ist, sehr leicht möglich wäre. In Folge dessen habe ich mich auch hier auf die Beispiele der homerischen Sprache beschränkt. Hinsichtlich der übrigen wollte ich nur sagen, dass sie vorhanden sind und wenigstens durch den Zusammenhang in Betracht kommen, in den sie die vielfach isolirten Belege stellen, die ich in den oben gegebenen Verzeichnissen gesammelt habe. Denn manche der aufgezählten Formen sind von wenig gebräuchlichen Verben abgeleitet und sehen nicht danach aus, als ob sie zur Bildung einer falschen Analogie in so umfassendem Masse hätten beitragen können. Trotzdem durften der Vollständigkeit wegen auch die weniger wichtigen Beispiele nicht übergangen werden. Ueberhaupt aber sollte die Zusammenstellung der im ganzen 24 Verba mit gutturalem Wurzel- oder Stammauslaut die Annahme einer falschen Analogiebildung nach ihrem Muster nur möglich, noch nicht wahrscheinlich machen. Dazu bedarf es weiterer Beweismittel.

Ich könnte versuchen durch Heranziehung einer möglichst grossen Anzahl von Fällen, in denen eine Formübertragung in der Sprachentwicklung stattgefunden hat, die Wahrscheinlichkeit zu erhärten, dass etwas Aehnliches auch in der dorischen Futur- und Aoristbildung der Verba auf -ζω der Fall gewesen sei. Aber ich will mich lieber auf eine einzelne Gruppe von Erscheinungen beschränken, die ganz besonders geeignet sind in der Frage, die uns beschäftigt, Licht zu verbreiten, nämlich auf die, welche an den Verbis auf -ζω selbst nach anderen Richtungen hin hervortreten. Eines Punctes ist schon oben von mir gedacht worden, nämlich des Eintretens der Lautgruppen ϰτ, χϑ u. a. in Flexions- und Wortbildungsformen nach Analogie des ξ im Futurum und schwachen Aorist, wie Ahrens selbst annimmt. Ein paar Beispiele aus seiner Sammlung (dial. Dor. 92 sq.) mögen genügen: ἐκτίχϑης Theocr. 1, 98. ἔρρωκται Ecphant. Pyth. in Stob. flor. 48, 64. ἱππότακτοι, eine Classe der Spartaner, Athen. VI, 271 d. u. s. w. Wichtiger als diese nicht sehr zahlreichen Bildungen sind diejenigen Formen mit ξ, für die Formübertragung als Ursache nicht bestritten werden kann, weil ein ursprüngliches δ in dem ξ steckt, entweder als Wurzelauslaut oder als Stammsuffix. Curtius erwähnt diese Tatsache bei Gelegenheit der Besprechung von παίζω (Verb. 345)[*), dem er die Möglichkeit eines dentalen Stammauslautes, wie ihn Fick angenommen hat, abspricht auf Grund dorischer Formen wie παίξα, ἐπαιξα etc. Denn mit ganz spärlichen Ausnahmen, deren eine Curtius anführt, würden solche Formen nur von solchen Verbis auf -ζω gebildet, in denen ξ aus γ + j oder aus blossem j, nicht aus δ + j hervorgegangen sei. Immerhin haben wir doch drei

---

*) Ich citire diese Stelle, weil an einer zweiten (p. 358), wo παίξω, παιξοῦμαι etc. angeführt wird, der Ausdruck weniger bestimmt ist.

sehr gebräuchliche Verba, von denen sich dergleichen falsche Analogiebildungen finden, nämlich:

1. *κσθίζω*, in dessen ζ natürlich ein wurzelhaftes δ enthalten ist. ζ zeigt sich in folgenden Formen: *καθιξεῖ* Bion 2. 16. *καθίξῃ* Theocr. 1, 51 (von Curtius angeführt). *καθίξαι* Theocr. 1. 12. Die Formen mit σ scheinen dorisch gar nicht vorzukommen.

2. *ἐρίζω*. Die Ableitung dieses Verbums von dem Nominalstamme *ἐριδ* gibt Curtius Grundz. 613 zu und nimmt dies auch in der Leo Meyer's Ansicht noch weniger günstigen Auseinandersetzung Verb. 358 nicht zurück. In der Tat hat gerade für *ἐρίζω*, *ἐλπίζω* und einige andere Verba, die dort neben einander genannt werden, die Ableitung von den entsprechenden Nominalstämmen viel Wahrscheinlichkeit. Trotzdem sind an ζ-Bildungen belegt: *ἐρίζω* Pind. fr. 189 B. *ἐρίζονται* Tab. Heracl. II, 26, woneben freilich *ἐρισαν* Pind. I. 7. 30 steht.

3. *παίζω*, gebildet vom Stamme *παιδ* (Grundz. 613), hat einen Guttural in zahlreichen Formen: *παιξοῦντα* Xen. conv. 9, 2. *παίξω* Anacreont. 41. 8. *συμπαίξομενον* Luc. d. deor. 4. 3. *ἔπαιξα* eb. 6. 4. *προσπαίξαι* Plut. Caes. 63. *πέπαιχεν* Plut. Dem. 9. *πεπαιχμένα* Ps.-Plat. Sis. 390 b. *παιχθέν* Plut. mor. 123. Mehrere Citate aus der späteren Graecität, die auch in den angeführten Belegen sehr entschieden überwiegt, habe ich weggelassen (eine reichhaltige Sammlung derselben findet sich bei Lobeck zum Phryn. s. 240 f.) und mich mit einem oder zweien für jede Tempusform begnügt. Die attischen Formen haben σ : *ἔπαισα*, *πέπαισμαι*. Die einzige bei einem älteren Schriftsteller vorkommende ζ-Bildung, *παιξοῦντα* bei Xenophon, hält Cobet n. l. 634 wol mit Recht für einen Dorismus des Syrakosiers. Im Uebrigen haben wir unter den angeführten Formen keine dorischen, sondern lauter spätgriechische Anomalien, wodurch aber

Cobet's Vermutung noch nicht hinfällig wird, da wenigstens auch keine ū-Bildungen als dorisch überliefert zu sein scheinen.

Die in vorstehendem gesammelten Formen zeigen also den Tatbestand einer falschen Analogiebildung, zwar nur für drei Verba, aber für jedes derselben in ziemlich umfassender Weise, ausserdem bei zweien als entschieden dorische Eigenthümlichkeit. Der Gedanke liegt jedenfalls nahe, die entsprechenden Bildungen bei den abgeleiteten[*] Verben unter demselben Gesichtspuncte zu verstehen, wenn auch zugegeben werden muss, dass, sobald dies nicht geschieht, die Menge der Vorbilder, nach denen in den drei besprochenen Fällen die falsche Analogie eingetreten ist, sehr bedeutend wächst. Aber ein nicht zu verachtendes Argument liegt in der unbestreitbaren Tatsache einer Formübertragung auch auf einem engeren Gebiete jedenfalls.

Dazu kommt nun aber ein Weiteres. Falsche Analogie ist in ziemlich hohem Grade tätig gewesen in der Flexion der Verba mit wurzel- oder stammhaftem Guttural und hat bewirkt, dass im ionisch-attischen Dialekte bei einer nicht ganz geringen Anzahl derselben die zusammengesetzten Tempusformen so gebildet wurden, als wäre ζ aus δ + j oder aus blossem j entstanden. Vorbild der Formübertragung waren also hier die Verba auf -ζω mit dentalem Stammcharacter und die abgeleiteten. Ehe ich diese Tatsache zu Schlussfolgerungen verwerte, gebe ich eine kurze Uebersicht der betreffenden Bildungen.

---

[*] Ich gebrauche hier der Kürze wegen diesen Ausdruck in einer verengten Bedeutung, d. h. ich meine damit nur die Verba, für die als ursprüngliche Endung ojαmi angenommen wird, die also mit den sogenannten verbis contractis etymologisch gleichwertig sind und ihr ζ nur dem Vorschlag eines δ vor j verdanken.

Eindringen des σ in die Tempus- und Wortbildung der Verba auf -ζω mit gutturalem Stammauslaute.

1. ἁρπάζω bildet schon bei Homer einige Formen mit σ, die dann im ionischen und dorischen Dialekt ziemlich gleichberechtigt neben denen mit gutturalen Lauten stehen, im attischen aber allein herrschen.[*)]

2. γογγύζω leitet Curtius Grundz. 179 von Wurzel γογ, skt. guñj, ab und erklärt γογγυσμός (im N. T.) daraus, dass γ vor j in σ übergegangen sei. Aber diese Erklärung genügt doch wol nicht. Die Verwandlung des γ vor j war nur eine Folge der unmittelbaren lautlichen Einwirkung des Spiranten. Dafür, dass σ auch in die nicht praesentische Flexion und die Wortbildung übertragen wurde, bedurfte es noch eines weiteren Grundes. Denn das blosse ζ mit seinem dentalen Klange konnte diese Wirkung nicht haben, wie die zahlreichen Verba auf ζω mit gutturalen Lauten in Flexion- und Wortbildung zeigen. Hier war also die Analogie derer mit dentalem Stammcharacter und der abgeleiteten tätig.

3. κοκκύζω wird Grundz. 152 vom Stamme κοκ-κοκ abgeleitet, der auch in κόκκυξ vorliegt. Bei diesem Worte hinderte selbst seine den Guttural erheischende onomotopoëtische Natur nicht den Uebergang in die Analogie der zahlreichen Verba auf -ζω mit σ-Bildung. Es findet sich der Aorist ἐκόκκυσα (z. B. im Conjunctiv Aoristoph. Frösch. 1380); auch Fut. κοκκύσω und Perf. κεκόκκυκα führen die Lexica an; ich habe aber keine Belege für diese zur Hand. Ferner zeigen noch die nominalen Bildungen κοκκυσμός und κόκκυσμα das σ.

[*)] Bei diesem und einigen der folgenden Verben, bei denen Schwankungen, wenigstens innerhalb der einzelnen Dialekte, nicht stattfinden, halte ich es für überflüssig Belege anzuführen, da sie in den Verzeichnissen, aus denen ich geschöpft habe, jedem zur Hand sind.

4. μέζω ist schon oben (p. 136) mit seinen verschiedenen Formen besprochen worden.

5. σαλπίζω behielt zwar in der guten Graecität die Lautgruppe γξ bei, bildete aber in nachattischer Zeit σαλπίσω (z. B. N. T. I Cor. 15, 52), σαλπιῶ (z. B. V. T. Num. 10, 3), ἐσάλπισα (z. B. Dio Cass. 57, 18), οἱ σαλπισμοι (z. B. Plut. mor. 192).

6. σκάζω, von Curtius Grundz. 383 und Verb. 323 besprochen. Als Wurzel wird σκαγ angesetzt im Anschluss an skt. khañg und andere Formen verwandter Sprachen, da griechische Bildungen vom reinen Verbalstamme nicht vorkommen, ausgenommen das ganz spät (LXX) belegte σκασμός, das eben auf falscher Analogie beruht.*)

7. στηρίζω. Auch hier gehört, wie bei σαλπίζω, die σ-Bildung durchaus der späteren Graecität an, wenn sie auch in derselben nicht herrscht. Es kommen vor: στηρίσω (V. T. Jer. 17, 5), στηριῶ (eb. 24, 6), ἐστήρισα (z. B. Anth. 14, 72), ἐστηρισάμην (z. B. V. T. Jes. 59, 16).

8. στρίζω schliesst sich in seiner Bildung ganz an σαλπίζω und στηρίζω an und verhält sich zu στρίγξ wie jene zu σάλπιγξ und στῆριγξ (vgl. Grundz. 357). Neben den im allgemeinen herrschenden Formen mit ξ kommen vor: στρίσω (Mathem. vet. p. 194), στρισῶ (V. T. Job 27, 23), ἐστρισα (z. B. Luc. Harmon. 2).

9. γογγίζω. γογγίσω wird in den Lexicis angeführt, doch ohne Belege. Nur ἐγογγύσασα habe ich gefunden, bei „Maxim. Cyther. in synax. 4", nach Stephanus.

Für die angeführten neun Verba ist die Annahme einer

*) Curtius spricht an der angeführten Stelle im „Verbum" in einer Anmerkung zu dem, was er über σκάζω sagt, von einem Wechsel zwischen älterem gutturalen und jüngerem dentalen Stamme in γογγίζω, μέζω, σκάζω, ohne als Ursache eine „falsche Analogie" zu erwähnen; aber er versteht sie wol stillschweigend.

Formübertragung unvermeidlich[2]), und zwar einer solchen, die der von mir für die ξ-Bildungen behaupteten nicht nur lautlich entgegengesetzt ist, sondern die mit ihr auch hinsichtlich des dialectischen Gebietes, auf dem sie stattgefunden hat, correspondirt. Denn während die Formen mit ξ von Verben ohne gutturalen Character den dorischen Mundarten eigentümlich sind, finden sich diejenigen mit σ von Verben mit gutturalem Character nur in der ionisch-attischen Sprache und in der an die letztere sich anschliessenden jüngeren Graecität. Wir haben hier also zwei einander genau entgegengesetzte Tendenzen im dorischen Dialect und in der übrigen griechischen Sprache: die letztere liebt bei den Verbis auf ζω die σ-Bildungen und lässt sie in Folge dessen in mehreren Fällen auch da eintreten, wo gutturaler Stammauslaut vorhanden ist; das Dorische liebt die ξ-Bildungen und lässt sie in fast allen Fällen auch da eintreten, wo gemeingriechisch σ herrscht, das wenigstens bei einigen der betreffenden Verba in dentalem Stammauslaut seinen Grund hat. Gewinnt es nun nicht die höchste Wahrscheinlichkeit anzunehmen, dass diejenige Erscheinung, die sich der eben ausgesprochenen Gegenüberstellung zweier sprachlichen Tendenzen zunächst nur als Tatsache einreiht, es auch ihrem Grunde nach tue? Wenigstens liesse sich dagegen eigentlich weiter nichts mehr anführen als die ganz besonders grosse Leichtigkeit und Einfachheit einer anderen Erklärung. Diese ist aber, glaube ich, nicht vorhanden, wie ich schon im An-

---

[2]) Es liegt nahe diese Formübertragung in den ältesten ihrer Beispiele (ἁρπάζω, κοκκύζω, μέζω) aus dem Vorhandensein der Lautgruppe δj als Mittelstufe zwischen γj und ζ zu erklären. Wenigstens konnte ein deutlich gesprochenes δ sehr leicht auf die Analogie der Dentalstamme führen. Bei den meisten Verben freilich sind die σ-Bildungen sehr jung und stammen aus einer Zeit, in der sowol γj als δj längst zu ζ geworden war.

fange meiner Erörterung ausgeführt habe. Dagegen stellt
sich nach der von mir vorgeschlagenen Auffassung alles einfach und chronologisch richtig dar und ergibt eine durchaus
natürliche Entwickelung, in deren Bild ich zum Schluss das
Resultat meiner Arbeit zusammenfassen möchte.

Die denominative Verbalbildung ist überhaupt verhältnissmässig jungen Alters [10], wenn auch natürlich indogermanisch.
In der urhellenischen Periode trennte sich allmälig die
vocalische Hauptclasse [11]) der abgeleiteten Verba in zwei Arten,
indem in der Endung *ajâmi j* entweder zwischen den Vocalen
verklang und Dehnung des vorhergehenden bewirkte, oder ihm
ein ϑ vorklang, aus dessen Vereinigung mit *j* durch Assibilation
allmälig ζ wurde. Während nun in den sogenannten verbis
contractis die Laute *ej* zu *ā̆, η, ω* wurden, diese Vocale aber
natürlich sowol vor Vocalen als vor Consonanten stehen konnten,
war die Lautgruppe ϑ*j*, später ζ, der anderen Verba nicht im
Stande unmittelbar vor einem Consonanten zu stehen. Die
Folge davon war, dass in den verbis contractis die ursprünglich durch Antritt einer Verstärkungssylbe des Praesensstammes entstandenen Laute *ā̆, η, ω* fest wurden und als
Auslaute des Verbalstammes die ganze Flexion durchdrangen.

[10]) Auf diesen Umstand ist ein ganz besonders grosses Gewicht
zu legen in doppelter Beziehung. Einmal ist die denominative Verbalbildung eine späte Schöpfung innerhalb der Organisationsperiode der
indogermanischen Urzeit; dann aber gehört auch ein sehr grosser
Teil der wirklich vorhandenen abgeleiteten Verba in den einzelnen
Sprachen späterer Zeit an. Denn nachdem der Typus dieser Formation fertig war, wurden nach ihm immer neue Wörter gebildet,
ohne dass eine Einsicht in seinen Ursprung noch vorhanden gewesen
wäre. Daher finden sich bei Homer noch ziemlich wenig abgeleitete
Verba, deren grösste Menge den folgenden, weniger naturkräftigen
und selbständigen Perioden der Sprachbildung angehört. Solche
Kinder der Analogie waren denn natürlich auch in ihrer Flexion auf
die Analogie als einzige Stütze angewiesen.

[11]) S. über die Gesammteinteilung Curtius Verb. I 333 f.

ς dagegen auf das Praesens und sein Praeteritum beschränkt
blieb. Für die übrigen Tempora musste ein Ausweg gesucht
werden, und da gab es für das Sprachgefühl keinen natür-
licheren als den Anschluss an solche Verba, die im Praesensstamme mit jenen Denominativen der vocalischen Hauptclasse
übereinstimmten, für die übrige Tempusbildung aber durch
einen auf einen einfachen Consonanten auslautenden Verbalstamm im Vorteil waren. Der Auslaut des Stammes war
ein weicher Explosivlaut, entweder Dental oder Guttural.
Der dentale schwand vor σ und verwandelte sich vor μ, τ,
ϑ in σ; der gutturale ergab mit σ zusammen ξ, vor den drei
anderen Lauten verwandelte er sich in γ, κ, χ. Für die zusammengesetzte Futur- und Aoristbildung nun, deren Bil-
dungssylben mit σ anlauteten, zog der grösste Teil der griechischen Mundarten die Analogie der dentalen Stämme vor[12]),
die dorische mit ihrer Vorliebe für harte Formen die der
gutturalen, also ξ. Einzelne Schwankungen in dieser Ver-
teilung[13]) können nicht auffallen und dienen zugleich als Er-

---

[12]) Ein hierzu mit secundärer Bedeutung mitwirkendes Motiv
war vielleicht der Umstand, dass ein nach Analogie der dentalen
Stämme gebildetes ἐδίκασα der aus *ἐδικαj-σα durch allmäliges Ver-
klingen des j sich entwickelnden Wortform ähnlich war. Obwol ich
nicht glaube, dass j ohne die bestimmende Einwirkung jener Analogie
verklungen wäre, ohne Ersatzdehnung oder eine andere Spur seiner
Existenz zu hinterlassen.

[13]) Ich habe dabei namentlich homerische ξ-Bildungen von
abgeleiteten Verben im Auge, wie von δαΐζω, ἀποκαλίζω, μερμηρίζω,
πολεμίζω, στεγαλίζω u. a. Für diese Verba ist entweder eine selb-
ständige Unregelmässigkeit in der Analogie anzunehmen, oder sie
sind Spuren dorischer Beimischung im homerischen Dialecte, als
welche sie allerdings ziemlich isolirt dastehen würden. — Ein anderes
Beispiel für eine vereinzelte ξ-Bildung im ionisch-attischen Dialecte
bietet ἁρμόζω, das mit Bezug darauf von Curtius Verb. I 341 besprochen wird. Bei Homer und den älteren Attikern herrscht σ;

klärung dafür, dass vor μ, τ, ϑ das Dorische von dem übrigen
Griechisch nicht abwich, sondern auch der Analogie der
Dentalstämme folgte.[14]) Denn nachdem einmal der Boden
organischer Entwickelung verlassen und der Anschluss an
fremde, der ungefähren Aehnlichkeit des Klanges nach ge-
wählte Muster Richtschnur für die Formen- und Wortbildung
geworden war, musste diese, von allen logischen Principien
emancipirt, überall der Herrschaft eines unbestimmten Sprach-
gefühles anheimfallen.

Die Wirkung des letzteren ging dann auch in doppeltem
Sinne noch weiter, indem sie sich einerseits auch auf Verba
erstreckte, in denen ζ nicht aus blossem j, sondern aus $\delta + j$
oder $\gamma + j$ entstanden war[15]), andrerseits auf solche, die im

dann dringt ζ ein und zwar so entschieden, dass es zu der Analogie-
Bildung ἁρμόττει in der jüngeren attischen Sprache Veranlassung
gibt. Nach Analogie dieser Praesensform wurde dann wider (wenigstens möglicher Weise) nach Curtius ἁρμογή gebildet. So spielt
auch hier die falsche Analogie eine bedeutende Rolle.

[14]) In den Lautgruppen σμ, στ, σϑ ist σ jedenfalls nicht aus j
entstanden. Wenn ich sage, dass es auf der Analogie der dentalen
Stämme beruht, so versuche ich damit nur für eine begrenzte Anzahl von Verben dies σ zu erklären, das in den entsprechenden
Flexions- und Wortbildungsformen vieler anderen Verba auf ein richtiges Verständnis wol noch wartet.

[15]) Zu den oben (pp. 143 u. 145 f.) besprochenen Fällen des
Schwankens zwischen σ- und ζ-Bildung bei Verben mit wurzel- oder
stammhaftem Dental oder Guttural bieten ein vollständiges Analogon
die Verba auf -σσω, sowol primitive als abgeleite. Primitive der
Art sind λίσσω, σάττω, τάσσω, mit älterem Guttural und
γλίσσει, wol mit älterer dentaler Bildung, wie im Einzelnen aus
dem Verzeichnis bei Curtius Verb. 311 ff. zu ersehen ist. Von abgeleiteten Verben gehören hierher: 1. λαφύσσω, wovon in der
späteren Sprache aor. act. und med. mit ζ vorkommt, während die
aus derselben Periode belegte Nominalbildung λαφύστης auf einen
dentalen Stamm hinweist. — 2. ἀργύσσω, das vom Stamme ἀργυτο
gebildet ist, hat fut. ἀργύξω, aor. ἤργαξα, beide zuerst bei Hippo-

Praesens gar kein ζ zeigen. So sind Formen zu verstehen
wie γελάξαι, χαλάξαι u. a. bei Theokrit., die Ahrens dial.
Dor. 91 zusammenstellt und bespricht. Curtius Grundz. 612
will auch für diese Formen ξ aus j + σ entstehen lassen,
eine Erklärung, der hier noch das besondere Bedenken ent-
gegensteht, dass j im Praesensstamme der betreffenden Verba
schon sehr früh ganz verklang und gewiss nicht Kraft genug
hatte, um sich in einen harten Explosivlaut zu verdicken.
Für die in Rede stehenden Bildungen sind vielmehr in vielen
Fällen Praesensstämme mit ξ anzunehmen, was bei dem häufigen Parallelismus beider Formationen kein Bedenken hat und
für den vorliegenden Fall durch die von Ahrens dial. Dor.
285 angeführten sikelischen Formen γελάζω, χελάζω noch
besonders bestätigt wird. In anderen Fällen müssen wir
wider das Wirken einer zweiten falschen Analogie innerhalb
des Dorischen erkennen, nämlich bei den Verben, für die eine
Praesensform auf -ζω sich weder nachweisen noch mit einiger
Sicherheit vermuten lässt. wie bei ἐφθάξα neben φθάνω.
Hier bewirkte eben die grosse Menge der vorhandenen ξ-Bildungen eine sehr weit gehende Corruption in dem Gefühl für
den Zusammenhang der Formen. was auf einer so späten
Stufe der Sprachentwickelung. wie Theokrit sie repraesentirt.
nicht gerade unerhört ist. Doch bleiben solche Erscheinungen
auf eine sehr geringe Zahl von Fällen beschränkt und sind
entschieden zu trennen von denjenigen Formen, um deren Erklärung es sich in der vorstehenden Untersuchung in erster
Linie handelte. Diese herrschen nämlich in der dorischen

krates, ferner perf. πεπτρεχότες. πεπτρέχθαι Formen mit σ sind
nur an kritisch zweifelhaften Stellen belegt. — 3. αἱμάσσω vom
Stamme αἱμα scheint nur einen Aorist zu bilden, der aber wenig-
stens in der Form καθῄμαξε Plat. Phaed. 254 e sicher belegt ist.
Ausserdem weisen die Nominalformen αἱματός und αἱμαξις einen
Guttural auf.

Mundart unbedingt und sind so zahlreich belegt, dass eine
vollständige Sammlung aller einzelnen Formen zu gleicher
Zeit sehr mühsam und ziemlich überflüssig sein würde, letzteres namentlich deshalb, weil die weniger leicht zugänglichen
von Ahrens a. O. und in den einschlagenden dialectischen
Monographien gesammelt sind.

ZUR GESCHICHTE

DER PRAESENSSTAMMBILDENDEN SUFFIXE.

SUFFIXE.

Von

KARL BRUGMAN.

LEIPZIG.

Während man früher meist nur für die sogenannten Denominativa, also für Verba wie skr. *juktrajati* er umbindet, umfasst, gr. *oïzeī* er wohnt, nominale Herkunft annahm und die übrigen Verbalbildungen als unabgeleitet betrachtete, bricht sich neuerdings immer mehr die Ansicht Bahn, dass auch dem grössten Theile der letzteren Nominalstämme zu Grunde liegen, dass namentlich -- mit Abrechnung der verhältnismässig wenigen sogenannten bindevocallosen Verba, wie *as-ti* er ist, *da-dá-ti* er gibt — alle Präsensbildungen der idg. Sprachen auf Stämmen beruhen, die ursprünglich als Nomina fungierend sich unmittelbar mit den Personalendungen zu Verbalformen verbanden. Nach dieser Auffassung, der ich durchaus beipflichte, ist z. B. *ag-a-ti* (skr. *ajati*, gr. *ἄγει*, lat. *agit*) nichts anderes als die prädicative Verbindung des Nominalstammes *ag-a-* (skr. *aga-s* u. s. w.) mit dem Pronominalstamm *ta*, so dass es eigentlich etwa „Treiber der" bedeutete. Ebenso wird alles was die Silben *na*, *ska*, *ta* ansetzt für denominativ gehalten und selbst die Bildungssilbe der IV. Classe *ja* wird schon von besonnenen Forschern mit dem gleichlautenden Nominalsuffix in Verbindung gesetzt. Auch das *k*, welches vielfach hinter Verbalstämmen erscheint und im griechischen Perfect kategorisch geworden ist, ist gewiss nichts anderes als das Nominalsuffix *ka*, so dass z. B. das *k* von *ἔθηκε* und *τίθηκε* dasselbe ist wie das von *θήκη*, osk. *facu-s*, skr. *dháka-s*. Die Fähigkeit derartige Nominalstämme mit den als Subject fungierenden Personalendungen prädicativ zu einer Verbalform zu vereinigen hat die Sprache, „die, was

sie einmal gelernt hat, so leicht nicht wieder vergisst", bis
in die Perioden des Einzellebens hinein sich bewahrt. Es gehören Verba hierher wie skr. *lôhita-ti* er ist rot, gr. *ϑέρμα-*
σϑαι warm werden, *ὅπλα-σϑαι* zubereiten, got. *saltan* salzen,
die man im Gegensatz zu den mit *ja* abgeleiteten Denominativa unter dem Namen „Nominalverba" zusammenfassen
könnte.

Was nun zunächst die Chronologie jener nominalen
Präsensstämme anlangt, d. h. die Zeit des ersten Auftretens
in dem schichtweise und ganz allmählich entstandenen Bau
des idg. Verbum, so schliesse ich mich aus vollster Ueber-
zeugung der besonders durch Curtius vertretenen Auffassung
an, wonach Präsentia wie *ag-a-ti, star-nâ-ti* u. s. w. erst auf-
kamen, nachdem Bildungen wie *dâ-ti, bhar-ti* und *da-dâ-ti, bha-*
bhar-ti (oder damals vielleicht noch *bhar-bhar-ti*, sieh Stud. VII
188 f.) der Sprache bereits geläufig geworden waren. Weiter
dann innerhalb der Reihe der nominalen Präsensstämme selbst
dürfen die *a*-Stämme unbedenklich als die ältesten angesehen
werden, und ohne allen Zweifel die jüngsten sind die *ta*-Bil-
dungen, die nur auf gräcoitalischem und slavolettischem Gebiete kategorisch geworden sind.

Ferner handelt es sich darum, zu bestimmen, welche Bedeutung die einzelnen Präsenssuffixe in den mit ihnen gebildeten Verbalformen haben und durch welche besondere
Begriffsfärbung diese Präsentia von den Präsentia der alten
Wurzelverba, wie *as-ti* er ist, *ás-tai* er sitzt, sich abheben.
Da sieht man sich freilich vergeblich nach unterscheidenden
Merkmalen um. Nur an dem Suffix *ska*, aber auch nur auf
gräcoitalischem Boden und hier nicht einmal durchweg, haftet
eine klar erkennbare Bedeutung (s. Curtius Verb. I 265), und es
muss dahin gestellt bleiben, ob diese die ursprüngliche war.
Oft genug sehen wir die Suffixe bei demselben Verbum ganz
unterschiedslos neben einander gebraucht, und sichtlich hat

die Analogie hier schon seit uralten Zeiten wie kaum irgendwo anders gewuchert. Nicht einmal die Gebrauchsweise der betreffenden Suffixe in Nomina gibt eine Handhabe her. Denn auch hier lassen sich keine Grundbedeutungen ermitteln, und um so weniger ist von hier aus Licht zu gewinnen, da offenbar schon lange bevor unsere idg. Grundsprache in die einzelnen Sprachen auseinander ging das Gefühl für den Zusammenhang der Suffixe in den Nominal- und den Verbalformen abhanden gekommen war.

Und trotzdem nun scheint die ursprüngliche Function der verbalen *va-*, *ja-* und *ta-*Stämme klar zu Tage zu liegen. Die Suffixe — so sagt man — gehören von Haus aus nur dem Präsensstamme an, keinen anderen Tempusstämmen, daraus hat man zu folgern, dass die Sprache sich der Nominalstämme bediente, um die Handlung als dauernde, beharrende zu bezeichnen. Wenn die Suffixe auch ausserhalb des Präsensstammes auftreten, was besonders in jüngeren Sprachperioden vielfach nachweisbar ist, so ist diess, sagt man, eine Art von Misbrauch und Verirrung.

Wenn die Sprache sich der Nominalstämme nur im Präsens bediente, so ist allerdings zunächst zu vermuten, dass diese Beschränkung des Gebrauchs mit der dem Präsensstamm eigentümlichen Bedeutung im Zusammenhang stehe. Nun lässt sich aber, wie ich hoffe, evident nachweisen, dass die Fernhaltung dieser Stämme von den nichtpräsentischen Tempora von Anfang an gar nicht allgemein war und dass da, wo eine Einschränkung stattfand, rein äusserliche, die Bedeutung der betreffenden Nominalstämme in keiner Weise berührende Verhältnisse massgebend waren. Damit schwindet jegliche Berechtigung zu der Annahme, dass der Verwendung der Nominalstämme als verbale Stämme das Streben die Handlung als dauernde zu bezeichnen zu Grunde gelegen hätte.

Was zuerst das jüngste Präsenssuffix, *ta*, anlangt, so lässt sich klar zeigen, dass es in älterer Zeit an kein bestimmtes Tempus gebunden war, sondern überhaupt Verbalstämme bildete. Ich habe hier zunächst seine Verwendung als sogenanntes „Wurzeldeterminativ" im Auge, über die am eingehendsten Fick W.² 989 ff. handelt. So ist z. B. die im lit. *kertù, kìrsti* hauen enthaltene und zugleich in allen übrigen idg. Sprachen vertretene „Wurzel" *skart* nichts anderes als der mittels Suff. *ta* von *skar* scheeren, schneiden u. s. w. gebildete Nominalstamm *skar-ta-*, gr. χερ-τό-ς, altn. *skar-dh-r* (vgl. F.² 36, 203, 900). Von einer Beschränkung des *t* auf das Präsens ist bei allen diesen in die idg. Urzeit zurückreichenden *ta*-Verba nichts zu spüren. Gehen wir dann weiter zu den erst nach der Völkertrennung in den geschiedenen Sprachkreisen und Einzelsprachen auftauchenden *ta*-Verba über, so zeigt sich ganz deutlich, wie auch hier zunächst das ältere Gesetz galt, wie diess in den meisten Sprachen überhaupt immer in Geltung blieb und wie erst ganz allmählich im Griechischen und Litauisch-Lettischen, aber auch nur theilweise, die Grenzen enger gezogen wurden, so dass eine kategorische Präsensbildung entsprang. Ich muss mich, um nicht zu breit zu werden, auf eine Auswahl von Beispielen beschränken.

Auf arischem Boden ist von einer kategorischen Verwendung der *ta*-Stämme nichts zu merken. Alle Fälle stehen vereinzelt. Z. B. *ja-ta-ti* verbindet, vgl. gr. ζητέω (C.¹ 616, F.² 158); *aṭati* schweift umher, durchirrt (vgl. *iṭati* bei Grassmann unter *iḍátas*) für *ar-ta-ti*, St. *aṭa-* umherschweifend für *ar-ta-*, von derselben W. *ar*, die in griech. ἄχη, lat. *erró*, got. *airzjan* steckt ¹); *kuṭati* krümmt sich (belegt ist

---

¹) Wahrscheinlich ist dieser St. *ar-ta-* mit gr. ἀρτά- in ἀρτεύω, ἄρτυον identisch; vgl. unten S. 160.

das Compositum *sam-kat)* von dem in *kufila-s, kufika-s* u. a.
steckenden Stamm **kar-ta-* — gr. κερτό- (vgl. Stud. VII
275 ff.); *kunthati* ist verstümmelt, lahm (ptc. *kunthita-s*), St.
kuntha- verstümmelt, lahm für **kar-ta-*, von derselben Wurzel. die dem gr. κελλό-ς und dem got. *halts* zu Grunde liegt;
lôshtaté häuft auf, zusammenhängend mit *lôshta-s* und *lôshtu-s*
Erdkloss, Erdklumpen und dem gleichbedeutenden *lôga-s*, welches im P. W. richtig auf *ruǵ* (erbrechen, zerbrechen) zurückgeführt wird und demnach auch mit lit. *lužu* breche, *lužis*
Bruch, Steinbruch zu verbinden ist (s. F.² 171, Ascoli Vorles.
I 92); *vêshtati* (in der älteren Sprache auch Formen von
visht ohne Steigerung des *i* überzieht, umwindet, umwickelt,
umringt, häutet sich u. s. w., welches Verbum sammt *vêshta-s*
Schlinge, Binde, *vêshtaka-s*, *vêshtana-m* Mauer, Zaun, Ver-
schlag, Turban. *vêça-s* (auch *vêsha-s*) Tracht, Anzug, das
Aeussere des Menschen (*vêçam vidhâ* eine fremde Gestalt annehmen) von *viç* (eintreten) abzuleiten ist, dessen ptc. *vishta-s*
„eingetreten in etwas“ bedeutet ²).

Wir wenden uns weiter zum Griechischen. Hier erscheinen 50 Präsensbildungen mit *ta*, davon 47 von labialen,
3 von gutturalen Stämmen (Curtius Verb. I 234 ff.)³. Dazu

---

²) Schon Burnouf in seinem Dict. fasst *vêshtati* als „sorte de
désidératif de *viç*“. Man denke an δύνω und δύομαι, die ebensowol
vom Eintreten ins Haus als vom Anlegen von Kleidungsstücken gebraucht werden. Ist diese Combination richtig, so dürfte die Grundbedeutung von *viç* etwa „bergen, umgeben, umhüllen“ sein. Unge-
zwungen schliesst sich dann skr. *viç-va-s*, altpers. *viça*, lit. *visa-s*,
ksl. *vísí*, all, an, die eigentlich „umfassend, umfasst“ bedeuteten, und
idg. *vaika-s* Haus (skr. *vêça-s* u. s. w.) wäre dann wol nach Analogie von gr. καλιά, das mit καλύπτω zusammenhängt, von altn. *skjól*,
unserem *scheune, scheuer*, von W. *sku*, als „deckende, schützende
Unterkunft“ zu fassen. Vgl. Stud. VII 212.

³) Nomina agentis auf *τη-ς* haben neben sich z. B. βάπτω,
δάπτω, δέπτω, κάματω (πιτυο-κάμπτης), κλέπτω (mit κλέπτης vgl. got.

kommen zunächst eine Anzahl starker Aoriste, die wie alle
starken Aoriste eigentlich Imperfecta sind und die nur deshalb als Aoriste fungieren, weil im Präsens an das Suffix
ta noch ein weiteres Ableitungselement angetreten ist (vgl.
unten). Es sind: ἔβλαστον neben βλαστός, βλάστη, βλα-
στάω von W. *vardh*, ἤλιτον neben ἀλιτό-ξροος, ἀλιταίνω,
ἀλιτήμενος (ἀλιτο- vielleicht = skr. *ata-*; oben S. 158), ἤμαρ-
τον neben ἁμαρτο-επής, ἁμαρτάνω, ἁμαρτήσομαι, ἀμαρτέζω
(über das Etymon Buttm. Lex. I² 137, Curt.¹ 679, Siegis-
mund Stud. V 171, Gust. Meyer Nas. 87), ἤμαρτερ (ἀπί-
θαα Hesych.), dessen Stamm *mar-ta-* sterblich (μορτός, βρο-
τός) auch im lit. *mir-sz-ta* steckt (C.⁴ 333), ἤμερτερ (Orph.
Arg. 513) neben ἁμαρτέω, ἁμαρτή vom Stamm *ar-ta-* in ἀρ-
τιος, ἀρτίζω, lit. *artáti*, ἄδρακτον, von Hesych durch ἴδωρ
(cod. ἴδιωρ) erklärt, dessen Stamm auch in δορατέξατ προ-
βλήτατ, ἔδρακτος, μοροδέρκτας, zd. *darsta* Seher, schend,
ags. *gi-trahtian*, nhd. *betrachten* (Fick Spracheinh. 131) erscheint und über dessen Augment Ahrens I 229 zu vergleichen
ist. Schon bei diesen Stämmen kommt man mit der Bezeichnung „Präsensstammsuffix" einigermassen ins Gedränge. Noch
mehr, wenn man die *ta*-Bildungen von vocalisch schliessenden Stämmen betrachtet. Anerkanntermassen gehören von
solchen hierher ἀνέτω und ἀρέτω (Curt. Verb. I 232), deren
τ z. B. in ἀνέσ-σομαι, ἤνεσ-μαι, ἀρέσ-σομαι als σ erscheint
und natürlich auch mit dem τ von ἀνετιζός, ἀρέταρα u. a.
identisch ist. Neben ἀρέτω findet sich bei Herodot VI 119
(Mss. F. S. Gaisf. Schweig. Dind.) ein Präsens ἀρέσσονται,
das, wenn es echt ist, für *ἀρέτ-jο-μαι zu nehmen ist (vgl.
ἀλγαίνω neben ἀλγέω u. ähnl.). Das σ von ἀνέσσομαι u. s. w.

bditlus, das dazu steht wie *tonthus* zu skr. *danta-s*), ψάττω, σκέπτω.
Ausserdem ist zu beachten neben σκέπτω σκιπτός Windstoss, nach
Fick² 202 mit mhd. *schäft* zu verbinden, neben ζαιάτω das lit.
krap-sz-týti kratzen, scharren (F.² 205) u. ähnl.

wirft auf eine Reihe anderer Verbalformen Licht. Nemlich
ἑλκέω, ἐρέω, κατέω, τετέω, μεθέσκω, γένεμαι
zeigen in den Nichtpräsensstämmen ebenso wie ἐρέω und
ἐρύω (neben ἐρύω und ἐρύω) ein σ (z. B. ἑλκέσ-σαι). Dieses
σ dürfen wir, wenn auch ein älteres τ als solches nicht nachweisbar ist, auf die dentale Tennis zurückführen, so dass sich
ἑλκέσσαι zu ἑλκέω wie ἐρύσασθαι zu ἐρύω, γενέσσομαι zu
γένεμαι wie ἐρύσσομαι zu ἤρετο verhält[1]. Sicher wol verdient diese Auffassung den Vorzug vor derjenigen Leskien's
(Stud. II 119), wonach das σ nach der Analogie der Stämme
auf -τς, -ας (z. B. τελέσ-σαι) eingedrungen wäre. Zu berücksichtigen sind weiter noch Formen wie ἐράσσω, ἀγέσσω
(Leskien S. 123). ἐράσσω (vgl. ἐρέτης, ἐρετμός, letzteres
eine Bildung wie ἐρ-ε-τμή, vgl. auch πό-τνια, ὀχέ-τλιο-ς),
πιρέσσω (vgl. πιρετό-ς), deren Ausgang -σσω für -τjω
steht mit einem Zusatz von j, der natürlich in den nichtpräsentischen Tempora (z. B. ἀγέσσασθαι, προ-έρεσσεν, ἐπι-
ρέσθῃ) fehlt und überhaupt unwesentlich ist (vgl. jenes ἐρύσ-
σαντα neben ἐρύω). Ferner kommen in Betracht δα-τέ-
ομαι, δάσσασθαι, δέδασμαι, δασμός und πα-τέ-ομαι, ἐπά-
σατο, πεπάσμην (vgl. ὑπ-τί-ω, πιπ-τί-ω); δα-το- finden wir
wieder in skr. dá-ta-s, di-ta-s getheilt, got. unga-tassa- (unge-
ordnet) für *-ta-th-ta-, ahd. zalà, zola Zotte, zettan verzetteln
(F.² 753). πε-το- in lat. pa-s-tor, ksl. pitati τρέφειν, got.
fôdjan füttern; vgl. auch πάσσιται ἔσθίαι bei Hesych, für
*πε-τ-ji-ται. Ist es wahrscheinlich, dass das σ von ἑλκέσ-
σαι u. s. w. auf τ zurückgeht, so darf man fragen, ob nicht
auch das σ von ὁμόσ-σαι, ὁμόσ-θην, ὁμόμοσ-ται, zu ὄμνεμι
(vgl. ὁμότης, ὁμοτικός, ἐπομοτί), und das von ὀρόσ-σασθαι,
ὠρόσθην, ὀρος-τός, zu ἄρνεμαι (vgl. ὀροτός, ὀροτάζω), aus

<hr>

[1] Vielleicht ist ἐρέω aus dieser Reihe auszuscheiden. S. Curtius
Stud. VII 270.

der dentalen Tenuis entsprungen sei. Auch wäre das neben
σπάω-σατο, έσπασά-μην stehende σπετίζω u. ψετάω zu berücksichtigen (vgl. unten lat. *patior*), und selbst für έλασσα, έλή-
λασμαι, έλασμός, έλαστίς (vgl. έλατο-ς, έλέτη-ς), έρασά-
μενος, ήράσθην, έραστός (vgl. άρετή, έρατάω und oben ὄμ-
ερτε) und έπαμάοσα, ἤμσμα (vgl. ἤματο-ς, lat. *comitu-s*, skr.
camatha-s) möchte ich *ta*-Stämme zu Grunde legen. Solche
Stämme sind hier überall sicher nachweisbar, während es um
die σ-Stämme sehr misslich bestellt ist[5]). Der Mangel des τ
im Präsensstamme darf uns in dieser Auffassung nicht irre
machen. Wir finden oft genug beim Verbum, dass verschiedne
Stämme sich zum vollständigen System der Formen ergänzen.
Wem der Hinweis auf diese Thatsache nicht genügt, der mag
annehmen, man habe von allen diesen Verba anfänglich Präsentia auf -τjω gebildet, woraus -σσω, dieses -σσω sei nun
aber mit dem -σσω des Futurum (f. *-τσω) zusammengefallen
und daher habe man, der Deutlichkeit wegen, jene Präsensbildungen aufgegeben[6]).

Auf italischem Boden haben wir folgende *ta*-Verba zu
vermerken. Lat. *pec-to* (= πέκτω), pf. *pectui* (Neue II 383),
pexui, *pexi*, pte. *pectitus* (Columella), *pexus*: *pecten*, *pectino*
(vgl. βλαστάνω, έρέτανα): identisch damit ahd. *fehtan*
kämpfen, *fehta* Kampf (Grimm G. D. S. 397, Fick Spracheinh.
192). — *plecto*, *amplector*, zu vergleichen mit ahd. *elehtan*

---

[5]) Ἄρος bei Aesch. Suppl. 885, als dessen Stamm Leskien S. 98
άρεσ- ansetzt, kann ebensogut Masculinum sein. Vergl. Curt.[4] 343.

[6]) Vielleicht gehört auch έπίσταμαι hierher. Es kann für *έπ-
ισ-τα-μαι stehen und eine Bildung wie δάμ-να-μαι sein. Die Bedeutung stimmt zu der von *sta* sehr gut; vgl. z. B. κατά τήχνην έπιδόντα
χ 61 und Μοῖσα, ἵστορε φδᾶς hymn. Hom. 32, 2 gegenüber φόρ-
μιγγος έπιστάμενος καὶ ἀοιδῆς φ 406. Wegen des spurlos wegge-
fallenen σ vgl. ausser έπιδείν und Έπίστωρ auch ἀρα-ελο-ς. W. σελ
winden, ἀπ-ειλέω, aeol. ἀπέλλω, W. σελ wehren, u. a. Eine andere
Auffassung vertreten Pott und Curtius; s. des letzteren Verb. I 143.

flechten; got. *flahta* = gr. πλεκτή. — *pic-to* strafe, s. F.²
469. — *flec-to* beuge, s. C.⁴ 169. — *nec-to*, s. F.² 108.⁷) —
nic-ti-t neben *nic-ta-t* (Festus p. 177. 16) wie πέκτω neben
πέκτέω, falls nicht *nictit* nach der IV Conj. ging; über die
W. s. F.² 371. — *ster-to, ster-tui?* Vgl. meine Abhandlung über
die gebrochene Reduplication Stud. VII, § 5, u. 44. — *bê-to*
von St. *bê-to-* = γα-τα- (ἐβητε-βη-τί-ω), vgl. *ga-ta-* in lat.
ar-bi-ter, herod. ἐβητε-βα-τί-ω (F.⁷ 993). — *me-to, messui,
messum; messis, messor*, von W. *ma* (gr. ἀμάω); St. *ma-ta-*
auch in ksl. *melą, mesti* ϭαϱοῆν, St. *mâ-ta-* in gr. ἐμητο-ς
u. a. (C.⁴ 323); *messus* demnach für *me-t-ta-s*, und *messui;
messus* = *necui : necus, — á-to-r* mit dem alten Inf. *oitier*
von W. *ar*, s. Curtius K. Z. IV 237 f. — *mitto*, schwerlich,
wie Pauli K. Z. XVIII 36 will, für *mit+to*, vgl. Fick Spracheinh.
195. — *pa-ti-or* mit dem ptc. *passus* für *pa-t-ta-s* von W. *spa*
spannen (Joh. Schmidt Voc. 194, Jahnsson De verb. Lat. depon.,
Helsingf. 1872, p. 58 f.). — Nach Art von *δα-τέ-ομαι* ist gebildet *fa-te-or* mit dem ptc. *fassus* für *fa-t-ta-s*, vgl. ϑε̄ο-
γε-το-ς, ἐμ-φασίη, lat. *infitia;* ein genaues Analogon bietet,
wie Fick² 993 hervorhebt, got. *bidja, bath* (vgl. auch F.²
818). — *fa-ti-sco* mit *fessus* für *fe-t-ta-s* von St. *gha-ta-* in
χατέω, χατίζω u. s. w. (Corssen Beitr. 216, C.⁴ 201). — *po-
tio-r* nach der III. Conj. abgewandelt (*potimur, poteretur*) vergleicht sich mit *patior*, ἀμάσσω u. a. und hat sein genaues
Gegenbild in skr. *pat-ja-tê* (herrscht, ist theilhaft) und in gr.
δεσ-πόζω für *-ποδ-jω, *-ποτ-jω;* zu Grunde liegt der St.
pa-ta- (lat. *Po-ta, hos-pi-ta*, gr. *δεσ-πό-τη-ς*, Corssen Nachtr.

---

⁷) Es ist nicht unwahrscheinlich, dass *pexi* und *pexus* für *pect-si*
und *pect-tu-s* stehen, dem entsprechend auch *plexi, plexus* für
*plect-si, *plect-tu-s* u. s. w. Dann stunde *pexi* zu *pectui* wie *parsi*
(d. i. *parc-si*) zu *parcui*, und *pexus* wäre zu vergleichen mit ἀπατός
d. i. *ἀπε-τ-το-ς*, lat. *fassus* d. i. *fa-t-tus* u. s. f. Vgl. Pauli K. Z.
XX 335.

249. Ausspr. I² 424; ksl. gen. *gospoda*, dat. *gospodu* von *gos-podi*, Leskien Handb. S. 31), neben dem häufiger *pa-ti-* erscheint (G. Meyer Stud. V 116 f.); wenn *potens* und *potui* nicht wie die andern Formen von *possum* aus einer Composition von *potis* mit dem Hilfszeitwort erwachsen sind, so muss ersteres entweder für *pa-ta-nt-s* oder für *pa-ta-ja-nt-s* genommen werden, *po-tui* aber wäre mit *pee-tai* auf éine Linie zu stellen*). — Oskisch 3. plur. *ci-ta-as*, schon von Mommsen (U. D.) richtig gedeutet und von Curtius mit lit. *ci-tà* zusammengestellt; der St. *ci-ta-* auch im altosk. abl. sing. *citi-ucad*, neuosk. acc. sing. *cituam*, fahrende Habe; vgl. auch *i-ta-* in gr. ἰτητός, lat. *iter*, *ito*, umbr. *etaians* = lat. *itent*. — Gleicher Bildung mit *citans* ist, wie ich glaube, *deicatuns* tab. Bant. 9 (vgl. Kirchhoff S. 50 ff.), welches einem lat. *dicatunt, Inf. *dicatere, entsprechen würde. Eine Stütze erhält diese Deutung an den Perf. *prufatted* probavit, *unnuted* unavit, 3. plur. fut. ex. *tribarakattust*, deren *tt* für *tf* steht, so dass sich diese Formen zum Präsens *deicatans* verhielten wie *pee-tai* zu *pee-to*. Der Form nach einigermassen vergleichbar sind griech. Verba wie ἐχρόνσσε (ἐχρόνσοτης), ἐκτενόσσω, deren Ausgang -οσσω für *-οτ-jω steht (Curtius Verb. I 369); ἐχρόνσσω : *deicatuns* = κτενόσσω : ἐτέτοι.

Auf slavischem Gebiete finde ich zwei *ta*-Verba: 1. *pleta*, *plesti* flechten (*plotü* Zaun, *zaplitati*, *zaplětati* verflechten mit Uebertritt in die *i*-Reihe), zunächst verwandt mit lit. *plotiju* falte, got. *falthan* falten (ob das von Fick² 120 zu diesen Wörtern gestellte skr. *puta-s*, *putâ* „Falte, Tasche, hohler Baum" hierher gehören, bleibt zweifelhaft). Die W. ist *par*, welche um *k* (d. h. Suffix *ka*) vermehrt in *park* erscheint.

---

*) Die Behauptung von Pauli (K. Z. XX 333), *potui* müsse, wenn es nicht für *potis fui* stehe, auf *potici zurückgeführt werden, weil von einem Wurzelverbum *potio, *potere das pf. *puti lauten müsste, ist haltlos: *potui* ist eben unter keinen Umständen ein Wurzelverbum.

woher lat. *plectere*, unser *flechten*; vgl. Joh. Schmidt K. Z.
XVI 454. 2. *rasta*, *rasti* wachsen, zu *roditi* parere gehörig, von W. *ardh* (Schleicher Formenl. 130. Bopp III³ 94).
Dass *rasta* eine Bildung wie lat. *plec-to* ist, hat zuerst meines
Wissens Burda erkannt, Beitr. VI 392. Wahrscheinlich haben
Miklosich (Vgl. Gr. I 192) und Schleicher (a. a. O. 146) Recht,
wenn sie den Inf. *rasti* für *rast-ti* nehmen. Merkwürdig in
doppelter Beziehung ist das Verhältnis unseres Verbum zu
griech. βλαω-τέ-τον: *rasti* crescere: *rastiti* augere = βλαστιτ:
βλαστήσω. Den Nominalstamm *ardh-ta-* repräsentieren *rastă*
Wuchs, Wucher, *rasti* Wucher, Zins, skr. *ṛddha-s* gedeihend,
glücklich (F.² 623).

Im Litauischen und Lettischen ist *ta* bei consonantischem Stammauslaut auf das Präsens beschränkt (das Genauere sehe man bei Schleicher und Bielenstein). Nur dass
das Lettische, die jüngere der zwei Schwestersprachen, zuweilen auf Grund dieser Präsensstämme denominative Verba
bildet, wie *spragstît* prasseln (cl. XII) zu *sprágstu*, *sprágt*,
bersten, *schnargstît* schnurgeln (cl. XI) zu *schnargstu*, *schnargt*,
am Schnupfen leiden (dasselbe bei *na*-Stämmen, z. B. *mèsnát*
neben *mèsnu* mingo). Diese Bildungen erinnern an gr. τετ-
τήσω von τέττω. Hier wie dort hat man in dem Umstand,
dass das Suffix auch ausserhalb des Präsensstammes erscheint,
nichts Altertümliches zu sehen, sondern solche Fälle sind
wie gr. διδώσω, καθιζήσομαι, ὀχτίληκα u. ähnl. zu beurtheilen. Wichtiger sind für uns einige lit. und lett. Verbalformen, die das Suffix *ta* hinter vocalisch schliessender Wurzel
aufweisen. Zunächst das schon erwähnte niederlit. *citù* gehe,
wozu lett. 1. pl. *itam*, 2. pl. *citat* (*ei = î*), die flexionslosen
ptc. praes. *it d* (act.), *itam* (pass., aber mit activer Bedeutung),
s. Bielenstein II 120. 126. 168. 259 ff. Dann das lett. ptc.
batàts (Biel. II 168. 259) und, wenn Bielenstein's Auffassung
des *t*-Lautes die richtige ist (II 168, der debit. *já-bát* (es

muss sein) von W. *bhu*; vielleicht hat der Stamm *bhu-ta-* auch
auf slav. Gebiet einen uns näher angehenden Vertreter in der
Infinitivform *bysti* (neben *byti*), welche Schleicher Formenl.
324 für „amorganisch" hält, vgl. noch ksl. *bytije* γένεσις, lat.
futurit, futurere fuit, fuerunt, gr. φύτός, φύτιος, φύτλη, φύτλη-
μος und besonders das aeschyl. φύσις = φύσις, welches höchst
wahrscheinlich für *φύτ-τι-ς steht. Neben lit. *pu-tà* Schaum (C.[4]
499, F.[2] 126) steht *patù* und *puczù*, inf. *pùsti*, blasen, wehen,
mit Nasalierung im Präs. *puniù*, inf. *pùsti*, sich blähen.

Wir kommen zum Germanischen, wo das *ta*-Suffix
nirgends auf das Präsens beschränkt erscheint. Got. *us-
althans* veraltet, altn. *aldinn* annosus sind ptc. zu dem weit-
verbreiteten Stamm *al-ta-* (ahd. *alt* annosus)[3]. — Altn. *bresta,
brast*, bersten, zu *brestr*, ahd. *brasta* Gebrechen; schwach
altn. *brasta*, -*adha*, ahd. *brastôn* prasseln; W. *bras* = gr.
φλάω (F.[2] 821). — Ahd. *spaltu, spialt*, spalten, zu got. *spilda*
Tafel, Schreibtafel, mhd. *spëlte* abgespaltenes Holzstück, welches Fick[2] 914 mit gr. πέλτη identificiert; schwach alts.
spildjan verderben, ahd. *spildan* vergeuden. — Ahd. *sciltu,
scalt*, zerreissen, schelten, zu *scilta* Schelte, einer Wurzel mit
got. *skilja* Metzger, lat. *carina* u. s. w. (Corssen Beiträge 450 ff.,
Ausspr. II[2] 172) und im Grunde mit dem S. 158 berührten
skar-ta- identisch (vgl. altn. *skardh* Einschnitt, mhd. *scharte*
Scharte u. a., F.[2] 900 f.). — Altn. *sördha, sardh*, ags. *serdan*,
mhd. *sërtan*, coire cum femina, von Fick[2] 894 mit gr. ὀείρω,
ὀερόν verglichen. — Minder sicher bin ich bei got. *stalda*,

---

[3]) Man construiert gewöhnlich ein got. *altha aialth* (z. B. Grimm
D. G. I[3] 759, Fick[2] 312. 914), ohne zu beachten, dass im Germa-
nischen wie in allen übrigen idg. Sprachen vielfach Participia
gebildet werden, ohne dass daneben die entsprechenden andern
Verbalformen auftauchen; vgl. z. B. mhd. *gestirnt, verschamt*, skr.
phalita-s, gr. ἐπιτριχωμένος, ksl. *rogatu* (Bopp III[3] 216 ff., Buttmann
A. G. § 110 Anm. 14, Curtius de nom. Graec. form. 3, Leo Meyer
II 86, Wimmer-Sievers 111 u. a.)

staistald (andstaldan, gastaldan, zu and-stald Darreichung,
von W. stal (d. i. ursprünglich sta + Suff. la), und bei halda,
haihald, halten, welches von Fick² 722 von kal heben abgeleitet wird; denn hier könnte auch d für dh stehen. — Got.
skathja, skôth, schaden, von St. skatha- = skr. ksha-ta-, ptc.
pf. von ksha-n (Fick² 898, Stud. V 234). – Ueber bidjan
oben S. 163. – Got. ptc. garathans (Matth. 10, 30 von St.
ratha- in raths ἄζοπτος (eigentlich „gefüge") = skr. ṛta-s
richtig, gr. ῥί-ρατο-ς zahllos, lat. ratus u. s. f. Fick² 14.
388. 841): ob der Inf. rëdan Otfr. IV 15, 16, mhd. rëden
cribrare, sichten (Kelle bei Haupt XII 5) hierher gehöre,
wage ich nicht zu entscheiden. — Got. quitha, quath, sprechen,
mit gaquiss Verabredung, d. i. *ga-quith-ti-s, gaquiss über-
einstimmend, d. i. *ga-quith-ta-s, von ga-ta-, W. ga tönen
(F.² 713). — Got. garida oder garithu, garath, ahd. witu,
wat, verbinden, mit got. gariss f. iunctura von St. ri-ta-, der
auch in ahd. wid Strick und mit Dehnung des Wurzelvocals
(vgl. gr. χλί-μα: gegenüber χλί-ρα: u. ähnl., Fick² 958) in ahd.
widâ Weide u. s. w.; s. F.² 190. 392. C.¹ 393 f. Von ri ward
schon in der idg. Grundsprache ein St. ri-na- gebildet, der
eine neue W. rin abgab (z. B. im lat. rinca); durch Antreten
von ta ein neuer St. rinta-, repräsentirt durch got. inrinds
διεστραμμένος, ἄδικος (vgl. alts. inrid Schlechtigkeit, lat.
ritiu-m , ahd. windâ Winde und das got. Verbum rindu, rand,
winden; windâ verhält sich demnach zu widâ wie gr. χλιν-
τήρ zu χλι-τέ: von W. χλι: der Uebertritt in die a-Reihe
(ga-rath, rand) wurde dadurch hervorgerufen, dass man
ridan (rithan) und rindan auf eine Linie stellte mit Verben
wie mitan und bindan [19]). — Altn. sjôdha, saudh, ahd. siodu,

---

[19] Zur Annahme einer älteren Wurzelgestalt ra liegt meiner
Meinung nach kein triftiger Grund vor. Von den skr. Perfecta
a-rāj-a und ra-rau (Max Müller Skr.-Gr. App. n. 502) ist jenes die
echte Form und diese dadurch entstanden, dass man raj-ati fälsch-

sut, sieden, mit got. *sauths* Opfer vom St. *su-ta-*, W. *su* (*sir*, *sra*) brennen, glänzen, vgl. skr. *sar-i-tar*, got. *sia-us*, *summa* d. i. **su-ar-au-*, u. s. w. (F.² 198, 890); auf *seu-ta-* gehen zurück ahd. *swidu*, *swal*, verschwelen, *swëdu* Dampf von sengenden Dingen; von demselben St. mit Schwächung des *a* zu *i* und dadurch bewirktem Uebertritt in die *i*-Reihe altn. *sridha*, *sreidh*, brennen, ankohlen lassen, vgl. *sridh-na*, -*adhu*, ustulari, *sridha* das Kochen (F.² 919). — Altn. *ridha*, *reidh* reiten, ags. *ridan*, ahd. *ritan* sich aufmachen, reiten, fahren (F.² 845) und altn. *lidha*, *leidh*, dahinschwinden u. s. w., got. *leithan*, *laith*, gehen, fahren, wandern (F.² 857) vom St. *ritha-* = *ra-ta-*, *ar-ta-*, W. *ar* sich erheben, sich in Bewegung setzen, woher auch z. B. *rennen*. — Die in got. *standa*, *stoth*, *stothans*, *afstoss* (d. i. *-*stath-ti-s*), *staths* u. s. w. (s. bes. J. Grimm G. D. S. 886 ff., Eschmann Ad linguae Germ. historiam symb., Bonnae 1856, p. 1 ff.) an die W. *sta* angetretenen Elemente sind in verschiedener Weise gedeutet worden. 1. Pott W. I 16 (vgl. Joh. Schmidt Beitr. V 468) und Fick² 906 (doch vgl. auch S. 995) legen ptc. *stant-* zu Grunde. Gegen diese Auffassung spricht mancherlei, namentlich die Unstätigkeit des Nasals. 2. Die meisten, z. B. Schleicher (Beitr. II 463, Comp. § 295, Deutsche Spr.² 219 f.), nehmen eine Weiterbildung mit *t*, d. h. also mit Suffix *ta*, an. 3. Schweizer in Höfer's Ztschr. III 105 und Benfey O. u. O. III 69 gehen von einer Reduplicationsform *sta-sta-* aus. Welche der beiden letzten Auffassungen den Vorzug verdiene, wage ich nicht zu entscheiden. Vgl. Stud. VII 207.

Ob und inwieweit das mittels *t* gebildete Perfect des Altirischen (Schleicher Comp. § 304) zu unseren *ta*-Bildungen Bezug hat, muss ich dahin gestellt sein lassen.

---

lich als *ca-ja-ti* fasste. Das lit. *córas* Spinne, welches Fick für die Wurzelform *ca* geltend macht, kann auch von *rar* hergeleitet werden.

Aus den gegebenen Zusammenstellungen geht hervor, dass die Verwendung der *ta*-Stämme als Verbalstämme mit dem Streben das Zeitverhältniss im Verbum näher zu bestimmen ursprünglich nichts zu schaffen hatte, dass vielmehr die *ta*-Verba von Anfang an überall Nominalverba von der selben Art wie skr. *lôhita-ti*, gr. ϑέρμα-ώϑει, got. *salta-n* (ob. S. 156) waren. Der mit *ta* gebildete Nominalstamm hatte einen den allgemeineren Begriff der Wurzel bald nach dieser, bald nach jener Richtung hin näher bestimmenden Sinn, der nun auch in das von diesem Stamm gebildete Verbum mit überging. Wie nun vielfach im Sprachleben ursprünglich bedeutungsvolle Elemente von engerer Gebrauchssphäre aus sich weiter verbreiten und ihres eigentlichen Sinnes verlustig gehend der Macht der Analogie verfallen, so bildete sich in den lettischen Sprachen sowie im Griechischen von einzelnen *ta*-Verba aus eine umfängliche Kategorie. Nicht auf einen einzelnen Tempusstamm beschränkt ist das Suffix, wenn es an Vocale antritt, nur im Präsens wird es verwandt, wenn an Consonanten. Diess hat offenbar einen rein lautlichen, also äusserlichen Grund: etwa ein τέτ-τ-σω oder ein τέτε.τ-τ-μαι wären unbequeme Bildungen gewesen.

Wir wenden uns nunmehr zu den mit *na* oder *nu* gebildeten Stämmen. Neben den Verba wie skr. *stṛṇâti*, *stṛṇôti*, lat. *sternit*, bei denen das Nasalsuffix auf das Präsens beschränkt ist, finden wir eine ansehnliche Reihe uralter Bildungen, bei welchen dasselbe an kein bestimmtes Tempus gebunden ist: es gehören dazu z. B. *ta-na-*, *ta-nu-* dehnen, *ma-na-*, *ma-nu-* denken, *ra-na-*, *ra-nu-* streiten, schlagen, *spa-na-*, *spa-nu-* spannen, *gha-na-* klaffen. In diesen Fällen pflegt man freilich von „Determinativ *n*" zu sprechen und man hält dieses *n* von jenem der Präsentia wie *star-na-* völlig fern. Sicher mit Unrecht. Die Annahme, *ta-na-* stünde für *tan-na-*, hat nicht den mindesten Anhalt in irgend einer

Sprache und skr. *ta-ta-s*, gr. τε-τό-ς auf **tan-ta-s* zurückzuführen sind wir ebenfalls durch nichts berechtigt. Weiterhin
wenn Delbrück (Altind. Verb. 155 sagt, es könne Niemand
wissen, ob *tanu-* nicht aus einer W. *tan* durch Anfügung von
u gebildet sei, so möchte ich ihm die Worte von Curtius
Chronol.[2] 54 entgegenhalten: „Es ist oberster Grundsatz der
Sprachwissenschaft, dasjenige, was innerhalb einer Sprache
lautlich gleich ist und begrifflich gleich sein kann, für identisch zu halten"; es müsste in der That eine ganz absonder-
liche Art von Zufall sein, wenn *tanauti*, *tanumasi*, *tanutai*,
neben denen ptc. *tata-s* steht, ganz andere Bildungen wären
als *starnauti*, *starnamasi*, *starnutai*, oder got. *rinnith* (für
*rinrith, **ranc-a-ti*; s. F.[2] 189) eine ganz andere als *rinnith*
(für **rinrith*, **ar-nr-a-ti*) u. s. w. Man sträubt sich gegen
die Anerkennung der gleichen Formation von *ta-nau-ti* und
star-nau-ti sichtlich nur deshalb, weil ja, so meint man,
das Präsensstammsuffix bei den vocalischen Wurzeln schon
in urältesten Zeiten seinem eigentlichen Berufe untreu geworden sein müsste. Aber wie? wenn das Suffix, über dessen
ursprüngliche Function wir nichts wissen, von Anfang an
gar nicht bloss Präsensstämme zu bilden berufen war? wenn
es sich, gerade wie *ta* im Griechischen, bei consonantischem
Auslaut auf das Präsens beschränkte eben wegen des consonantischen Auslauts, und bei vocalischem Auslaut sich
nicht auf das Präsens beschränkte eben wegen des vocalischen Auslauts? Dann wären also rein äusserliche,
keine die innere Sprachform berührenden Verhältnisse massgebend gewesen. Dass dem in der That so sei, ist mir durchaus wahrscheinlich.

Aehnlich steht es mit dem Suffix *ja*, dem Präsenszeichen
der IV. Classe. Auch dieses tritt hinter vocalischen Wurzeln
seit uralten Zeiten nicht bloss im Präsens auf. Der deut-
lichste Fall ist skr. *da-ja-té* theilt zu, wozu z. B. ptc. *da-ji-*

ta-s, gr. δε-*io-μαι*, pf. δι-δε-*ία-ται*, dazu δε-*ί-ρημ*, fut. δε-*ί-*
σω, δε-*ι-τρό-ς* u. s. w.; vgl. Curtius Verb. I 297[11]). Zu berücksichtigen ist bei diesem Suffix noch zweierlei. Erstlich
das Denominativa bildende *ja*. Dieses haftet bei vocalischem
Auslaut durch das ganze Verbum, ist aber bei consonantischem fast durchgängig auf das Präsens beschränkt: so
stehen sich gegenüber skr. *déca-ja-ti*, *déra-ji-shja-ti* und
apas-ja-ti, *apas-i-shja-ti*, gr. οἰκέτι d. i. *οἶκι-*ji-*τι, οἰκήσει
d. i. *οἶκι-ji-σji-τι* und τελέτι d. i. *τελέ6-ji-τι, τελέσσει d. i.
*τελέ6-σji-τι. Hat hier nicht erst die Analogie der IV. Cl.
gewirkt, so kann der Grund der Fernhaltung des *ja* von den
nichtpräsentischen Zeiten nur in dem consonantischen Auslaut gesehen werden. Zweitens das passivbildende *ja* des
Arischen. Dieses ist im Skr. bei consonantischem Auslaut
durchaus auf das Präsens beschränkt, kommt aber bei vocalischem Auslaut, wie Bopp III³ 85 zeigt, auch im Fut., Aor.
u. s. w. vor. z. B. *dâ-ji-shjê* dabor. Hier hat das Fehlen des
ja in nichtpräsentischen Zeiten um so sicherer seinen Grund
in der äusseren Sprachform, weil das Suffix das constituirende
Element des Passivum ist (vgl. Schleicher Beitr. III 127)[12].

Worin nun bestand die Unbequemlichkeit, deren Folge es
war, dass man die besprochenen Suffixe von Nichtpräsensstämmen fernhielt? Man sieht es leicht: in der Consonanten-
häufung, die sich ergeben haben würde. Nur für den starken
Aorist und das Perf. des Activs kommt man hiermit nicht aus.

---

[11]) Die Aufzählung und Besprechung der übrigen Fälle sowie
eine ausführlichere Behandlung der *na*-Stämme muss ich mir für
eine andere Gelegenheit versparen.

[12]) Dass die Medialendungen beim arischen *ja*-Passivum nicht von
wesentlicher Bedeutung sind, ergibt der Umstand, dass daneben im
Skr. wie im Altpers. und Altbaktr. häufig auch die activen Personalendungen erscheinen. S. Benfey Vollst. Gr. S. 406, Anm. 1. Spiegel
Altpers. Keilinschr. § 69 und besonders Altbaktr. Gr. § 226.

Aber da lässt sich Rat schaffen. Was zunächst den starken
Aorist anlangt, so ist zu berücksichtigen — was wir S. 160
bereits andeuteten —, dass dieses Tempus nichts anderes ist
als ein Imperfectum zu einem abhanden gekommenen Präsens
(Benfey O. u. O. III 234, Delbrück Altind. Verb. 16). Denken
wir uns demnach, dass z. B. im Skr. *stabhnāti* ein älteres
*stabhati verdrängte und der Aor. *astabhat, stabhat* des
letzteren Imperfect war, so ist klar, warum hier das *n*-Suffix
vom starken Aorist ausgeschlossen war. Uebrigens zeigt der
gr. Aor. ἔπιπτον, der durch πιπτέω, ἐπίπτεον als Aor. erst
möglich wurde, dass *na* auch in dieses Tempus gelangen
konnte (vgl. oben ὀμόργνῦν zu ὀμόργνεω). Beim Perf. Act. bin
ich überhaupt zweifelhaft, ob nicht vielleicht das Nasalsuffix
diesem ursprünglich ebenso zukam wie dem Präsens. Dafür
liesse sich skr. *tastambha* zu *stabhnāti*, *dadambha* zu *dabh-
nóti* und manches andere geltend machen, worauf ich hier
nicht eingehen kann. Indess kann auch der Umstand, dass
das Medium des Perf. das Suffix nicht vertrug (vgl Bopp II²
498), für das Activum massgebend gewesen sein.

Es bleiben uns noch zwei Punkte kurz zu berühren. In
jüngeren Sprachperioden erscheint das *n*-Suffix nicht selten
auch bei vocalischen Stämmen nur im Präsens, z. B. gr. τί-νω.
Diese Thatsache erklärt sich folgendermassen. Da bei consonantischen Stämmen das *n*-Suffix so vielfach im Präsens gebraucht wurde und das Gefühl für den Zusammenhang dieses
Suffixes mit dem Nasal von *ta-na-, ta-nu-* u. s. w. sich allmählich abgestumpft hatte, indem die Sprache das *n* hinter
vocalisch schliessenden Wurzeln nachgerade als wurzelhaftes
Element fühlte, so wurde das *n*-Suffix geradezu zu einer
Eigentümlichkeit des Präsensstammes. Daher es denn allmählich als solches auch bei vocalischen Wurzeln auftaucht.
So sind also z. B. τί-νω und πί-νω im Grunde ganz dieselben und doch wieder sehr verschiedene Bildungen. Mehr-

fach finden wir bei vocalischen Wurzeln ein gewisses Schwanken zwischen bloss präsentischer und allgemeinerer Geltung, z. B. gr. *ἐχίϱω* mit dem Aor. *ἔχϱια* (Curtius Vb. 1 254), lat. *lino*, pf. altlat. *lini*, später allgemein *levi*, *livi*. Der zweite Punkt ist folgender. Man darf es sich durchaus nicht einfallen lassen, allenthalben wo unsere Suffixa ausserhalb des Präsens erscheinen, Altertümlichkeiten suchen zu wollen. Es ist Thatsache, dass Präsensstämme in Perioden des Verfalls (diesen Begriff im weiteren Sinne genommen) zu allgemeinen Verbalstämmen erhoben werden, wie in *διδόωω*. Danach sind z. B. zu beurtheilen jene lett. Verba *spragstét, schnurgstít* (s. S. 165), gr. *τεπτήϱω*, *χαϑ-ιζήϱομαι*, präkr. fut. *supissam* (= skr. *çrnishjámi*; Lassen Inst. 349 f.) u. s. w.

Wir sind zu dem Resultat gelangt, dass zu der Annahme, die Sprache habe die mit *ta, na, ja* gebildeten Nominalstämme als Verbalstämme benützt, um dadurch die Handlung als beharrende, dauernde darzustellen, keine Berechtigung vorliege. Wie steht es nun, so fragen wir zuletzt, mit dem verbalen *a*-Suffix? Nach Steinthal Charakt. 291 ff. und Curtius Chron.[2] 44 ff. soll die Sprache z. B. neben *ag-ti* „führen er" den Ausdruck *aga-ti* „Führer er" gestellt haben, um die Handlung entschiedener als dauernde hervorzuheben. Ich will die Möglichkeit dieser Auffassung nicht bestreiten (ohne zureichenden Grund bestreitet sie Westphal Method. Gr. 1 2, 91), glaube indess, dass eine andere Auffassung, bei der der Begriff der dauernden Handlung gar nicht in Betracht kommt, ebenso statthaft ist. In so schwierigen Fragen, wie die vorliegende ist, wo wir vorläufig überhaupt nur mit Möglichkeiten rechnen, ist es gut, sich nicht allzu früh zu binden. Curtius hebt S. 46 hervor, dass ihm durch die Steinthal'sche Deutung des *a* verständlich werde, warum es so viele Präsensstämme ohne Stammerweiterung (d. h. ohne *na, ta* u. s. w.) gebe, die dennoch ebenso durative Bedeutung hätten wie die erweiterten. Dem gegenüber verweise ich auf die Wurzelverba, wie *as-ti* ist, *ás-tai* sitzt u. a., die doch auch als Präsentia fungieren, ohne eine Bezeichnung der Dauer an sich zu tragen. Der Unterschied zwischen dauernder und momentaner Handlung war der Sprache schon aufgegangen, ehe die Nominalstämme wie *ag-a-*, *star-na-* im Verbalbau auftraten, und zwar, so scheint es, an der Reduplication. Denken wir uns nun ein *aga-ti* „Führer er" neben *ag-ti* „führen er" treten, so kann die letztere Form jener gegenüber [13] recht wol den Aorist, das Tempus der momentanen Handlung, abgegeben haben, ohne dass *aga-ti* von vorn herein der Ausdruck der dauernden Handlung gewesen zu sein braucht. Wir haben es hier mit derselben Tempusverschiebung zu thun wie z. B. in ἔδεκον gegenüber ἔδεκτον, ἔπεττον gegenüber ἐπίττεον. Der Anstoss zu dieser sich nach verschiedenen Richtungen hin immer weiter fortsetzenden Bedeutungsdifferenzierung der Präsensstämme ging aus, wie ich glaube, von der reduplicierten Form gegenüber der unreduplicierten; nachdem der Anstoss gegeben und die erste Welle erregt war, pflanzte sich die Bewegung von selbst weiter fort und Welle folgte auf Welle in immer weiterer Entfernung vom Mittelpunkt. Es ist sehr wol denkbar, dass durch die Gegenüberstellung von *aga-ti* und *ag-ti* sich zunächst derselbe Unterschied der Bedeutung ergab, den wir fühlen in den Ausdrücken „er ist meines Glückes Förderer" und „er fördert mein Glück", „er ist des Zieles Treffer" und „er trifft das Ziel", „sei heute mein Begleiter" und „begleite mich heute"; es wird durch die nominale Ausdrucksweise die Handlung selbst in ihrem Vollzug nicht als breiter hingestellt, sondern nur der Begriff der handelnden Person mehr

---

[13] Vgl. skr. Präs. *dah-a-ti*, Aor. *a-dhâk*, W. *dah* brennen, Präs. *bhéd-a-ti*, Aor. *bhêt*, W. *bhid* spalten.

hervorgehoben. An dem Nominalstamm als solchem haftet
durchaus nicht der Sinn, dass die Handlung in ihrer Voll-
streckung eine dauernde sei; *ag-a-*, *tad-a-* bedeuten nur,
dass der Begriff der Handlung des Treibens und Stossens sich
mit dem Begriff eines Trägers der Handlung verbindet (*a*
fasse ich mit Bopp als Pronominalstamm), und ich kann die
Thätigkeit selbst ebensowol präsentisch wie aoristisch auffassen. Dass die Verwendung der *a*-Stämme im Verbum so
ungemein beliebt wurde, hat ohne Zweifel in lautlichen Verhältnissen seinen Grund. Formen etwa wie *idh-mi*, *idh-si*,
idh-ti mussten, da die Sprache sich bestrebte den auslautenden Wurzelconsonanten als den „Charakter" möglichst rein zu
bewahren, allmählich lästig werden. In dem Nominalstamm
bot sich ein bequemes Mittel die unverträglichen Sprach-
elemente auseinander zu halten und bald war die ursprüngliche Function das *a* ganz vergessen[14]).

[14]) Durch die hier vorgetragene Auffassung der Form *aga-ti* wird
die Curtius'sche Hypothese, dass das conjunctivische *a* mit unserem
a identisch sei (Chron.² 49 ff.), in keinem Falle erschüttert. Wenn
der Conjunctiv *bhar-a-ti* (gegenüber dem Indic. *bhar-ti*) ursprünglich
selbst Indicativ war und erst der Gegensatz der ursprünglichen Bedeutung von *bhar-a-ti* zur Bedeutung von *bhar-ti* jener Form die
conjunctivische Bedeutung zugeführt hat, so lässt sich sehr wol denken,
dass „Träger er" — welches ich ebensowol in Bezug auf eine vor
meinen Augen vor sich gehende Handlung sagen kann wie auf eine,
deren Eintreten ich erst erwarte — im Gegensatz zu „tragen er, er
trägt" den Sinn „Träger sei er, er soll tragen" gewann. So lange
ich nur erst die Person vor mir sehe, von der ich die Ausführung
einer Handlung noch zu erwarten habe, wird mein Interesse vorzugsweise von der Person als solcher in Anspruch genommen, die
Handlung ist ihr, so zu sagen, noch immanent. In diesem Falle erscheint die Verwendung eines Nominalstammes wie *bhar-a-*, der allgemein angibt, dass jemand mit der Handlung in Beziehung steht,
besonders angemessen.